S.E.N.S養成セミナー

第4版

特別支援教育の理論と実践

一般財団法人特別支援教育士資格認定協会 編　　花熊 曉・鳥居深雪 監修

Ⅲ─特別支援教育士（S.E.N.S）の役割・実習

梅田真理・栗本奈緒子・西岡有香 責任編集

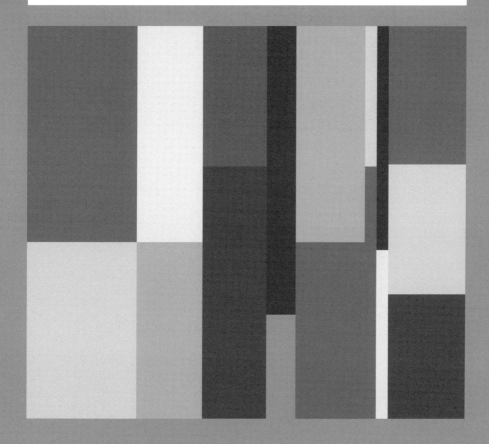

Ψ
金剛出版

第4版刊行にあたって

一般財団法人特別支援教育士資格認定協会
理事長　花熊　曉

　2020年代に入って，我が国の学校教育は大きな変化の時期を迎えています。これからの学校教育の方向性を示した2021（令和3）年1月の中央教育審議会の答申では，「令和の日本型学校教育」の在り方として，子どもの主体的な学びの尊重に立った，「個別最適な学びと協働的な学び」，「指導の個別化と学習の個性化」が目指されていますが，その内容は，「人間の多様性を尊重し，子ども一人一人の特性とニーズに合わせた教育を行う」という特別支援教育の理念と共通するものだと言えるでしょう。この新しい学校教育の在り方を実現していくために何より必要なのは，発達障害をはじめとする特別な教育的ニーズがある子どもたちを適切に支援できる専門家の養成です。

　一般財団法人特別支援教育士資格認定協会では，特別支援教育の専門家の育成を目指して，2001（平成13）年3月より，特別支援教育士（S.E.N.S）の養成を開始しました。それから20年余を経た現在，S.E.N.S有資格者の数は5,500人を超え，「すべての子どもたちが，学校や園での活動に参加でき，充実した生活を送れるようにするための支援」を目指して，活発に活動しています。

　特別支援教育のプロフェッショナルたるS.E.N.Sの養成でもっとも重要なのは，「日進月歩」と言える特別支援教育と発達障害支援の分野で，新たな情報を常に取り入れ，学ぶべき内容を更新し続けることです。そのため，セミナーテキスト『特別支援教育の理論と実践』についても，2007（平成19）年の第1版公刊以来，5年を目途に改訂を加えており，今回で3回目の改訂となります。第4版での主な改訂点は次の通りです。

A．概論の領域

①「S.E.N.Sの役割と倫理」の科目を，基礎科目として「概論」の領域に移しました。

②「発達障害と医療」の内容を精選し，6時間2ポイントから3時間1ポイントに変更しました。

B．アセスメントの領域

　「心理検査法Ⅰ・Ⅱ」では，ウェクスラー式知能検査とその他の検査に二分し，検査の実施法だけでなく，検査結果を解釈し，指導に結びつける力を高めることを目指しました。

C．指導の領域

　指導におけるICT機器の活用について詳しく述べるようにしました。また，「社会的自立・就労の指導」の科目では，セルフアドボカシー（自己権利擁護）についても論じるようにしました。

D．S.E.N.Sの役割の領域

　従来2科目だった「学校・園における支援体制」に，新たな科目として「学校・園における支援体制Ⅱ：通級による指導」（1ポイント）を加え，通級による指導のニーズの高まりに

応えられるようにしました。

E. 指導実習

　S.E.N.S 資格の特徴であり，専門性である，「学習面の支援」により重点を置いた内容としました。

　S.E.N.S 資格は，常に進歩し続ける資格です。最新情報を取り入れて書かれたこの 3 冊のテキストが，発達障害をはじめとする「個のニーズに応じた配慮・支援」を必要とする子ども（人）たちの理解と支援実践のバイブルとして，「特別支援教育のプロフェッショナル」を目指す皆さんの学びに活用されることを切に願っています。

特別支援教育士（Special Educational Needs Specialist: S.E.N.S）の資格取得

〈S.E.N.S 資格取得の前提条件〉
①一般社団法人日本 LD 学会の正会員であること
②特別支援教育士資格認定規程第 15 条 2 の要件を満たしていること（詳細は協会 HP「資格認定」ページを参照）

〈S.E.N.S 資格取得〉
①本協会が主催する養成セミナーを受講して小テストに合格し，「S.E.N.S 養成カリキュラム（2023 年度版）」の 5 領域 36 ポイントを取得すること
②本協会が実施する資格認定審査に合格すること

S.E.N.S 養成カリキュラム（2023 年度版）

巻	領域	科　目　名	P	計
Ⅰ巻	概論	S.E.N.S の役割と倫理	1	4
		特別支援教育概論Ⅰ：発達障害の理解	1	
		特別支援教育概論Ⅱ：特別支援教育のシステム	1	
		発達障害と医療	1	
	アセスメント	総論：アセスメント	1	8
		心理検査法Ⅰ：ウェクスラー式知能検査	2	
		心理検査法Ⅱ：発達障害に関連する心理検査	2	
		学力のアセスメント	1	
		アセスメントの総合的解釈	2	
Ⅱ巻	指導	「個に応じた支援」と「合理的配慮」：UD と ICT の視点	1	14
		「聞く・話す」の指導	2	
		「読む・書く」の指導	2	
		「計算する・推論する」の指導	1	
		ソーシャルスキルの指導	2	
		行動面の指導	2	
		感覚と運動の指導	1	
		社会的自立・就労の指導	1	
		個別の指導計画・個別の教育支援計画の作成と活用	2	
Ⅲ巻（当巻）	S.E.N.S の役割	学校・園における支援体制Ⅰ：通常の学級における支援	1	4
		学校・園における支援体制Ⅱ：通級による指導	1	
		学校・園における支援体制Ⅲ：コーディネーターの役割とリソースの活用	1	
		保護者とのかかわりと連携	1	
	実習	指導実習	6	6

●特別支援教育の理論と実践　Ⅲ・目次●

D. S.E.N.S の役割と実習

E. 指導実習

本文イラスト　ふるやまなつみ（図 E-1-2，図 E-1-3）

D．S.E.N.S の役割と実習

D-1
学校・園における支援体制Ⅰ：
通常の学級における支援

【概要】.................通常の学級に在籍する「発達障害：学習障害（LD/SLD），注意欠如・多動症（ADHD），自閉スペクトラム症（ASD），発達性協調運動症（DCD）等」のある児童生徒及びその学級担任への支援を実施するにあたって，支援体制の根拠となる学習指導要領や関連法案等を踏まえて解説する。幼稚園，小・中学校，高等学校等の通常の学級での，学級経営，授業における配慮や工夫について教育課程を踏まえた基本的な考え方を示し，発達障害のある子どもとその保護者，周りの子どもたちとその保護者に対する具体的対応について述べる。

【キーワード】..........学習指導要領／教育課程／基礎的環境整備／合理的配慮／学級経営

【到達目標と評価】.....①「発達障害」のある子どもが在籍する通常の学級における学級経営上の基本的考えと学級の基礎的環境整備，授業での合理的配慮や工夫について具体的に説明できる。
②学校・園で子どもの問題を共通理解することの必要性とポイントについて説明できる。

D-1-1　発達障害等のある幼児児童生徒に対する指導

1. 通常の学級や園に在籍する幼児児童生徒をとりまく状況

　社会の変化は加速度を増し，複雑で予測困難な時代背景がある。学習の困難の多様化に加え，COVID-19（コロナウイルス感染症2019）の拡大により社会全体が揺らぐ中で，学校が楽しく安全に通える環境であることの大切さが再認識された。子どもたちの多様性も意識され，障害の状態や特性，心身の発達段階などを把握し，個々の教育的ニーズに応じて一人一人の可能性を伸ばす教育は，発達障害に限らずどの子どもにも重要であると認識されてきている。このような状況の中，通常の学級に在籍している発達障害の可能性のある特別な教育的支援を必要とする幼児児童生徒の存在も気づかれるようになり，担任による指導で学ぶ子どもたちへの効果的な支援が，ますます重要になっている。さらに，GIGAスクール構想によって整備されたICT機器による通常の学級での支援も期待されている。

　新学習指導要領は，幼稚園は2019（平成31）年4月1日，小学校等は2020（令和2）年4月1日，中学校等は2021（令和3）年4月1日，高等学校等は2022（令和4）年4月1日から年次進行で実施され，全面実施となった。今回の改訂では，全校種の学習指導要領に通常の学級での学習上の配慮例が盛り込まれている。発達障害に関連する施策，法令，報告等は次々と発出されているが，発達障害をはじめとする教育的支援の必要な子どもたちに通常の学級における支援を実施するにあたっては，これに関連する法や学習指導要領など

の最新情報を確認し，各学校の取組状況を把握しながら行う必要がある。

2．学校教育法の改正

　2007（平成 19）年に学校教育法が改正され，幼稚園・小学校・中学校・高等学校等の通常の学級には，LD（学習障害），ADHD（注意欠如・多動症），ASD（自閉スペクトラム症）などの障害のある幼児児童生徒が在籍している可能性があり，担任はその幼児児童生徒について障害の状態等を把握して，適切な指導，必要な教育的支援を行うと示された。

3．障害者権利条約と障害者差別解消法

　「障害者の権利に関する条約」は，2006（平成 18）年 12 月に国連総会で採択され，日本は 2007（平成 19）年 9 月に署名，障害者基本法の改正や障害者差別解消法の制定などを経て，2014（平成 26）年 1 月に批准した（外務省，2014）。この国際条約の中で，「障害に基づくあらゆる差別の禁止」と「合理的配慮」について述べられている（障害者の権利に関する条約第 2 条）。

　障害者基本法は 2004（平成 16）年の改正で「障害者の差別の禁止」が，さらに 2011（平成 23）年の改正では，法の目的規定に「共生社会の実現」が，定義される障害者に「発達障害者」が加えられた。

　この規定を具現化するために，2013（平成 25）年には障害者差別解消法が成立，2016（平成 28）年から施行された。また，施行後 3 年を目途に必要な見直しを行うこととした附則により 2021（令和 3）年に改正され，「合理的配慮の不提供の禁止」について，民間業者は「努力義務」とされていたところが，国や地方公共団体と同じく「法的義務」となった（改正後 3 年以内に施行）（内閣府，2021）。これにより，私立学校も法的義務の対象となる。

4．学校における「基礎的環境整備」と「合理的配慮」

　通常の学級の授業では一斉指導の形態で授業を行うことが中心となるが，発達障害のある場合には，小学校入学初期から行動面での不適応課題，次いで学習上の配慮の課題が見えてくる場合が多い。就学前に保護者からの申し出がある場合は入学式から配慮できる学校も増えたが，担任の気づきから支援を始める場合でも可能な限り事前検討し，早期に保護者相談や校内での検討を開始して対応するようにしたい。合理的配慮は一人一人の障害の状態や教育的ニーズにより決定されるものであるため，発達や適応状況によって，柔軟に見直しを図る必要がある。なお，合理的配慮は個別の教育支援計画等にも記載して実施する。その際，「通常の学級でも可能か」という視点で確認し，「学校の設置者及び学校に対して，体制面，財政面において，均衡を失した又は過度の負担を課さないもの」とされていることにも留意する。

　文部科学省の中央教育審議会特別支援教育の在り方に関する特別委員会による報告（2012，文部科学省）では，学校における合理的配慮と基礎的環境整備として観点をまとめている（表 D-1-1）。

5．インクルーシブ教育システムの構築

　「インクルーシブ教育システム」は，障害のある子どもが排除されることなく，個の教育

表 D-1-1 学校における合理的配慮と基礎的環境整備の観点

学校における合理的配慮の観点（3観点 11項目）
①教育内容・方法
①-1 教育内容
①-1-1 学習上または生活上の困難を改善・克服するための配慮
①-1-2 学習内容の変更・調整
①-2 教育方法
①-2-1 情報・コミュニケーション及び教材の配慮
①-2-2 学習機会や体験の確保
①-2-3 心理面・健康面の配慮
②支援体制
②-1 専門性のある支援体制の整備
②-2 幼児児童生徒，教職員，保護者，地域の理解啓発を図るための配慮
②-3 災害時等の支援体制の整備
③施設・設備
③-1 校内環境のバリアフリー化
③-2 発達，障害の状態及び特性に応じた指導ができる施設・設備の配慮
③-3 災害時等への対応に必要な施設・設備の配慮

基礎的環境整備（8観点）
①ネットワークの形成・連続性のある多様な学びの場の活用
②専門性のある指導体制の確保
③個別の教育支援計画や個別の指導計画の作成等による指導
④教材の確保
⑤施設・設備の整備
⑥専門性のある教員，支援員等の人的配置
⑦個に応じた指導や学びの場の設定等による特別な指導
⑧交流及び共同学習の推進

的ニーズに対応しながら，できる限り障害のない子どもとともに教育を受けることができる仕組みのことである。個の教育的ニーズに応じて，現行の学校制度をうまく活用・運用しながら配慮や支援を要する子どもにとって最適な教育の場を工夫することが期待されている。「障害者の権利に関する条約 第24条教育」を踏まえたインクルーシブ教育システム構築のポイントは，次の2点である。

①基本的な方向性としては，障害のある幼児児童生徒と障害のない幼児児童生徒ができるだけ同じ場でともに学ぶことを目指すべきであること。それぞれの子どもが，授業内容がわかり学習活動に参加している実感・達成感を持ちながら充実した時間を過ごしつつ，生きる力を身につけていけるかどうか，これがもっとも本質的な視点であり，そのための環境整備が必要である。

②個別の教育的ニーズのある幼児児童生徒に対して，自立と社会参加を見据えて，その時点で教育的ニーズにもっとも的確に応える指導を提供できる，多様で柔軟な仕組みを整備すること，小・中学校における通常の学級，通級による指導，特別支援

学級，特別支援学校といった，連続性のある「多様な学びの場」を用意しておくことが重要である。

　現行の教育制度にある学びの場（通常の学級，通級による指導，特別支援学級，特別支援学校）を有効に活用しつつ，その子どもにとって最適な学習環境をそのときの教育的ニーズに合わせて選択，または組み合わせて弾力的に運用することが適切とされている。それぞれの場の設置基準を遵守しつつ，校内にある環境資源を学校長の判断に任される範囲内で効果的に運用することで，個々の子どもの学びやすさを工夫したい。

　発達障害のある子どもは通常の学級に在籍することが多いことから，特別な場を選択した場合のみならず，すべての校種・学級で個々のニーズに応じた教育を行い，状況に応じて柔軟な場の選択を可能にしておくことが必要である。在籍している子どもが，学習の場を検討し直すときには，本人・保護者との丁寧な相談を通して思いや願いを聞き取り，合意のもとに決定する。

6.「障害のある子供の教育支援の手引」（文部科学省，2021a）

　文部科学省は，2021（令和3）年これまでの「教育支援資料」を「障害のある子供の教育支援の手引〜子供たち一人一人の教育的ニーズを踏まえた学びの充実に向けて〜」と名称変更し，内容を改訂した。子どもたちの学びの場は，就学時の決定先だけでなく，就学後もその発達や成長に応じて柔軟に見直されるが，通常の学級においてもさまざまな障害種の子どもが在籍する場合がある。

　さらに，通級による指導との連携や，特別支援学級，特別支援学校との交流及び共同学習を実施することから，通常の学級の担任も障害種に応じた教育的対応を知っておく必要がある。特に，通常の学級に在籍する発達障害（LD・ADHD・ASD等）のある子どもに対しては，早期からの気づきと教育的対応が重要である。この手引は都道府県，市町村等の行政と学校が共有する情報として熟知し，参考としたい。

D-1-2　発達障害等のある幼児児童生徒に対する通常の学級での指導や支援

1．指導の基準となる学習指導要領等

　学習指導要領には，幼稚園・小学校・中学校・高等学校の場すべてにおいて，発達障害をはじめ多様な障害，特別な配慮や支援を必要とする幼児児童生徒が在籍していることを前提とした教育上の配慮事項が示されている。

1）幼稚園教育要領，保育所保育指針

　各幼稚園には，障害のある幼児だけでなく，教育上特別の支援を必要とする幼児が在籍している可能性がある。そのため，すべての教職員が特別支援教育の目的や意義について十分に理解することが不可欠である。

【幼稚園教育要領総則】

幼児の生活経験がそれぞれ異なることなどを考慮して，幼児一人一人の特性に応じ，発達の課題に即した指導を行うようにすること。（第1－3より抜粋）

障害のある幼児には，障害の種類や程度を的確に把握した上で，困難さに対する指導上の工夫の意図を理解し，個に応じたさまざまな手立てを検討し，指導に当たっていく必要がある。（第5－1より抜粋）　　　　　　　　　　　（文部科学省，2017a）

　一方，保育所は厚生労働省の管轄であるが，幼児教育の一翼を担っているとの考え方が強まり，幼児教育に積極的に取り組むことが努力義務とされた。主に，主体的な遊びを中心とした内容により，思考力，判断力，表現力，人間性を育むとされている。障害のある子どもについては，保育所保育指針の第1章3の「保育の計画及び評価」の中に，「障害のある子どもの保育については，一人一人の子どもの発達過程や障害の状態を把握し，適切な環境の下で，障害のある子どもが他の子どもとの生活を通して共に成長できるよう，指導計画の中に位置付けること。また，子どもの状況に応じた保育を実施する観点から，家庭や関係機関と連携した支援のための計画を個別に作成するなど適切な対応を図ること」と示されている（厚生労働省，2018）。

2）小学校学習指導要領，中学校学習指導要領，高等学校学習指導要領

　小学校学習指導要領，中学校学習指導要領，高等学校学習指導要領において，特別支援教育に関する教育課程の基本的な考え方や個に応じた指導を充実させるための教育課程上の留意事項などは，小学校では「児童の発達の支援」，中学校・高等学校では「生徒の発達の支援」の項にまとめられている（文部科学省，2017b, 2017c, 2018）。この中で，通常の学級に在籍している配慮や支援の必要な児童生徒について，個別の指導計画等の作成・活用を努力義務としている。高等学校の通級による指導については，教育課程に位置づけることで，単位認定が認められることが示されている。

　通常の学級においても，発達障害を含む障害のある児童生徒が在籍している可能性があることを前提に，すべての教科等において，一人一人の教育的ニーズに応じたきめ細かな指導や支援ができるよう，障害種別の指導の工夫のみならず，各教科等の学びの過程において考えられる困難さに対する指導の工夫の意図，手立てを明確にすることが重要と示し，具体的な例を挙げている。全校種の全教職員が個に応じた教育支援の視点を持って教科指導を行うように示している。

2.　学級経営

　通常の学級で配慮や支援を要する子どもを指導するには，まず学級が落ち着き安心して学べる場になっていること，担任の指示が通り，子どもとの信頼関係や学級ルールが成立することなど，担任による安定した学級づくりができていることが前提である。相談を受けるときには，子どもたちが過ごす学級の状態を確認し，その上で個々に合った支援を検討する。年度当初であれば，支援対象の子どもを含めた学級づくりから支援することもある。子どもたちは学校生活全般を通じて社会性を身につけるが，安定した学級での関わりは他者との関わりを学ぶ基礎となる。

　子どもたちの多様性，環境要因の複雑さ，特性等はあっても，担任は肯定的な子ども理解に努め，丁寧に対応する。担任の適切な対応やことば遣いは，周囲の子どもたちの良いモデルとなる。

　学級経営案には，学級運営方針等の他，就学前の園や前担任からの引継ぎがあった場合は要配慮事項や備考欄等に記入しておく。有効な支援の手立てがあった場合も忘れず記載しておく必要がある。

3. 教科指導

　通常の学級の担任は，日々の授業において子どもたちの学力を伸ばす。そのため，わかりやすい授業を追求して，授業技術を磨く努力は教員の専門性のひとつである。授業の構成を考える際のポイントとしては，①本時のねらい，目当ては明確か，②指示・発問はわかりやすいか，③授業の流れの見通しがあるか，④教材は適切か，⑤さまざまな活動スタイルを取り入れているか，⑥板書はわかりやすいか，などがある。授業改善をすることで，対象となる児童生徒だけでなく学級全体の教育効果が期待できる。その上で，一斉指導だけでは学びにくさのある子どもが同じように授業に参加できる配慮や支援を加味する。在籍する誰もが学びやすい授業づくりには，授業のユニバーサルデザインの視点が参考となる。

4. 授業の工夫・配慮

1）授業のユニバーサルデザイン

　通常の学級でできる授業のユニバーサルデザインとは，発達障害に限らず，どの子どもにとってもわかりやすくて学びやすい授業づくりであり，在籍するどの子もわかりやすい授業づくりを追求することは，担任にとっては授業技術向上の基本といえる。

　花熊ら（2011）は，①学びやすい教室環境，学習環境の整備，②学習や行動のルールの明示，③指示・説明のわかりやすさ，見通しの持ちやすさ，④特性や学習速度に対応した複数の学習方法や教材，等を紹介している。

　また，京都府総合教育センター（2013）の研究ではユニバーサルデザインの視点として，①アセスメント（学級アセスメント，気になる子どものアセスメント，チームアセスメント），②授業づくり（授業参加のルール，学ぶねらい・すること・発問・さまざまな活動），③指導の基礎（指示の仕方・集中のさせ方・声のトーン・ねらいの明確な机間指導・褒める），④個別配慮の工夫，⑤授業を支える環境整備，あたたかい学級集団づくり，互いの尊重，等を挙げている（図 D-1-1）。子どもが学習しやすい工夫を学級の授業の中で行う。

　校内サポートや巡回相談等で通常の学級に在籍する子どもを支援する際には，気になる子どものアセスメントだけでなく，教室環境や子ども同士の人間関係など，授業を支える環境が整理されているか，授業で何を学ぶかの目標や活動が明確であるか，担任の指導の基礎技術，生徒に肯定的に接しているかなどの接し方の基本を含めた点も，学級アセスメントとして見ておく必要がある。学年が上がっても，担任による支援の手立てが着実に引き継がれることが重要である。

2）RTI モデル

　文部科学省は，学習障害を「聞く・話す・読む・書く・計算する，または推論する能力の

ユニバーサルデザインの視点

授業づくりに特別支援教育の視点を加味し，発達障害等のある子どもが学びやすいように**授業を改善**する，それが結果的にすべての子どもたちにわかりやすい授業になる

アセスメント

（1）学級アセスメント　　（2）気になる子どものアセスメント

チームアセスメント　学年や教科担当，特別支援教育コーディネーター等，複数の教職員による情報共有・分析

授業づくり

授業への参加
- ○チャイムと同時に始め，チャイムと同時に終わる。
- ○教具をしまう場所やしまい方をわかりやすくする。
- ○BGMを効果的に活用する。
- ○座席の配慮，グループ編成を工夫する。
  　　　　　　　　　　など

内容の理解
- ○ねらいを明確にし，何を学ぶかを子どもがつかみやすい言葉で提示する。
- ○何を考えたらいいのか，何をしたらいいのかがわかりやすい発問・指示をする。
- ○ねらいを達成するための発問を絞り込む。
- ○ペアやグループ，話し合いなど，さまざまな活動を取り入れる。
  　　　　　　　　　　など

指導の基礎
- ○指示は明確に，短く，はっきり，語尾まで言い切る。
- ○活動を止めて，集中させてから指示をする。
- ○声のトーンや教師の立つ位置を，子どもの立場で考える。
- ○机間指導は，ねらいを明確にする。
- ○できている過程を褒める。
  　　　　　　　　　　など

個別の配慮の工夫

授業を支える環境

物的な環境整備
- ○教室前面や側面前方の整理
- ○掲示物の精選
- ○取組の「見える化」
- ○ルールの明確化
  　　　　　　　　　　など

人間関係づくり
- ○あたたかい学級集団
- ○一人一人が大切にされる集団
- ○人権が尊重される集団
- ○正しくあたたかい言語環境
  　　　　　　　　　　など

学級経営

生徒指導

特別活動

教師の指導力・授業力の向上

すべての子どもがわかる・できる

図 D-1-1　授業のユニバーサルデザイン（京都府総合教育センター，2013）

うち特定のものの習得と使用に著しい困難を示すさまざまな状態を指すもの」とし，著しい困難を1～2学年以上の遅れとしている。つまり，通常教育の中で，およそ1～2学年の学習の遅れがみられる場合に「学習障害が疑われる」「支援が必要」と判断する。しかし，実際に通常の学級で2学年以上の遅れがみられてからでは，周囲と同じ学習環境で日々の勉強

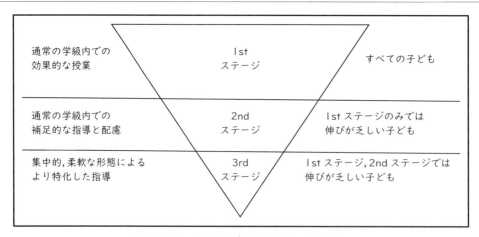

図 D-I-2　RTI モデル図（海津，2015）

に追いついていくことは本人にとって心理的にも学習達成度から見ても非常に苦しく，学習の場を変更せざるをえなくなってしまう場合が多い。

　そこで診断を前提とせず，通常の教育を行いながら早期から支援を開始する考え方が RTI（Response to Intervention）モデルである。RTI モデルは，主に米国における学習障害の判定方法として紹介されている。学習上のつまずきが見られる児童生徒に対して，指導を行いながらその反応を測ることにより，どのような支援が必要なのか，必要でないのかを客観的に判断していくモデルである。担任の通常教育の質の向上を前提とした上で，その教育の中で指導の効果を見ながら支援を更新・追加していく 3 層構造の教育的介入モデルが紹介されている（図 D-I-2）。

第 I 段階；通常の学級においてすべての児童生徒を対象に質の高い指導を実施。学習障害の児童生徒に限定せず，在籍する全児童生徒を対象とする通常の授業での学びを見る。
第 2 段階；十分な伸びが見られない場合，通常の学級での指導に加えて，通級による指導やグループ指導，少人数指導などの補足的な支援を追加する。
第 3 段階；それでも十分な伸びが見られない場合には，加えて個別的な支援を追加する。

　このように徐々に支援の手立てを追加して評価しながら，対象の児童生徒にとってどのような支援が必要なのかを客観的に判断する。

　RTI 理論を基にした国内の読み書き指導モデルとしては，『多層指導モデル MIM——読みのアセスメント・指導パッケージ』がある（海津，2010）。これは，「読みにつまずきを示す LD など，学習面に困難さのある子どもの『初期の読み』において困難のある特殊音節に焦点を当て，文字や語句の正確性や流暢性を目指すプログラム」である。また，小枝・関による『T 式ひらがな音読支援の理論と実践』（2019）もあり，プリントと併せて音読指導アプリも開発されている。いずれも初期段階では担任により通常の学級内で全児童を対象として行うものであり，LD である場合も，日常的には通常の学級で学習するため，学級での指

導方法の工夫と合理的配慮が第 1 段階の指導の基本となる。

D-1-3 発達障害等のある幼児児童生徒への気づきから支援へ

1. 発達障害等のある幼児児童生徒の一般的な特徴

ASD と ADHD は，その行動特性により就学前から気づかれることが多いが，個人差が大きいため適応のよい場合はわかりづらく，就学後の一斉授業の中で不適応状態がみられて気づかれることもある。主に学校生活での集団行動の難しさや，友達とのトラブルなどで気づかれる。

LD への気づきは就学後の学習場面が中心となるが，就学前の園生活でも，絵本に興味を示さない，文字に関心がないなど，保護者や指導者の観察によって，その兆候に気づくことができる。

一方，知的に遅れがない児童では，読みが困難でも低学年初期の教材を暗記して読むことができる場合があり，見逃すことがある。

2. 通常の学級の担任が可能なアセスメント（実態把握）の方法

1）「気がかり」や「気になる」といった気づきを重視する

通常の学級に在籍する児童生徒の学習状況や生活面，行動面をもっとも把握しているのは学級担任である。中学校・高等学校では教科担任制となるため，教科ごとの学習状況を学年担任間で共有したり，保健室や生徒指導部，部活動での様子などの情報を共有したりして総合的に把握することが大切になる。

（1）学習面

着席の姿勢や集中度，ノートや板書の書字，教科書の音読（流暢性，読み速度），授業を「聞く」集中力，発表・発言などの話す力，グループ学習での協力，運動能力，巧緻性，理解力や学習量に比べた学力達成度，宿題に時間がかかる等の気づきなどが挙げられる。

（2）生活面

友達とのコミュニケーション，遊び場面での参加，意思疎通，場面の切り替え時の様子，ルール理解，忘れ物・落とし物，部活動の参加の様子等，集団行動場面での気づきなどが挙げられる。

図 D-1-3 のように「気づき」→観察→分析→複数の教員で客観的に見る→校内委員会等で検討→指導を工夫する→本人・保護者相談→場合によって巡回相談チームの活用，といった流れを校内で決めておき，気づきを検討してより良い指導・支援につなげる。

2）観察と記録

通常の学級の担任は，就学後の早期から集団適応の様子だけでなく，読み書きの初期指導や学習の状態をよく観察して，どこでつまずくのか，どのような理解が難しいのかなど，具

図 D-1-3　担任の気づきから指導に至る流れ

体的な学習場面に即して個々の状況を把握する。

　担任 1 人の見立てだけでなく，特別支援教育コーディネーターや他の教員に依頼するなど複数の教員で観察し，学年会で検討時間を設けるなどの体制をルール化しておくとよい。記録は簡潔にメモし，日々の業務の過重負担にならない量が望ましい。

3)「気づき」を共有する

　得られた情報を，学年や教科担任，特別支援教育コーディネーターなど複数名のチームで共有し分析するチームアセスメントが効果的である。確実に検討するためには，気になる児童生徒の情報は学年会や学校全体の会議等で共有する仕組みを設定しておくとよい。観察する視点や時間，いつ検討するかなどをあらかじめ校内で決めておいたり，簡便で使いやすいチェックリストやアセスメント集約表を校内研修会などで共有しておいたりすると，校内で検討しやすい。

4) 担任を支援する専門家が利用したいツール

　通常の学級の担任を支援する専門家等が使用できるツールについて，以下に 2 つ紹介する。

（1) LD-SKAIP
　　　エルディ スカイプ

　日本 LD 学会では，S.E.N.S 等，教育や心理の専門家が使用できるツールとして，LD-SKAIP を開発した（日本 LD 学会，2018)。LD-SKAIP (Learning Differences Screening Kit for Academic Intervention Program) は次の 3 つのステップによって，つまずきの要因と支援法を導き出すことができる。

　ステップ 1：担任への問診で発達の概要を捉える。ステップ 2：児童への直接検査で，認知機能の弱さを把握する。ステップ 3：児童への直接検査で学習場面でのつまずきを把握する。iPad，クラウドシステムを活用し，結果からは効果的な指導や合理的配慮の手がかりを得ることができる。

（2) MSPA
　　　エムスパ

　MSPA (Multi-dimensional Scale for PDD and ADHD) 発達障害の要支援度評価尺度（船曳，2016，2018) も，アセスメントを支援につなげるツールとして有効である。研修を受ければ S.E.N.S や心理，福祉の専門家が活用することができる。コミュニケーション，集団適応力，共感性，こだわり，感覚，反復運動，粗大運動，微細協調運動，不注意，多動，衝動性，睡眠リズム，学習，言語発達歴といった発達障害特性について，当事者や保護者・担任へのアンケートと聞き取りから評定し，レーダーチャートにする。関係者と共同作業で

作成していくので，特性の理解と関係者の認識の一致に役立つ。個の特性の特徴も視覚的に捉えやすいので，具体的な支援を考える際の参考となる。教育・福祉の関係者にもわかりやすく，共通理解に役立つことが期待される。発達検査や医療受診の前に，保護者とともに本人の特性理解と支援度を共有する際に活用したい。医療機関では保険適用となり，利用が始まっている。要支援度は DSM-5（APA，2013）と対応している。

3. 校内での取組

1）校内委員会

　学校・園では，校長・園長が特別支援教育コーディネーターを指名し，校内委員会と併せて校務分掌として位置づけている。校内委員会の名称や仕組みは学校によって異なる。特別支援教育に関係する校内委員会を独立して設置するところもあるが，在籍する児童生徒のさまざまな課題について検討する生徒指導部や教育相談部との会議を活用し，管理職が同席して校内委員会とするところも多い。時期を逃さず，迅速に検討できる校務分掌に位置づいていることが望ましい。学校は日々多忙なため，工夫のひとつとして，年間計画で定例化されていると検討会議が持ちやすい。

　検討する場合は，就学前の様子，保護者からの情報，日々の教室での様子などを総合的に情報収集して，校内での情報共有と検討を行う。環境要因によるのか，全般的な発達の遅れによるのか，特定教科の偏りがあるのか等の情報を共有し，担任による指導・支援が可能な具体的な手立てを検討する。

　学校としての支援体制や対応方針に関わるため管理職が同席するが，関係者の日程調整，資料準備などの具体的な運営の中心として特別支援教育コーディネーターの活躍が期待される。

2）事例検討会

　配慮支援を必要とするケースについて検討する。学校・園の実情に応じて，年度初めと終わり，学期ごとなど引継ぎのある時期に全校で共有するようにすると,「気づいているけれどそのままになる」事態を回避しやすい。校内で事例を検討することによって，全教職員の気づきが促進されることも期待できる。検討ケースが多くある場合は，学年会や生徒指導，教育相談などの校務分掌の定例会議の中で毎回短時間事例検討をする時間を取るなどして，経過を共有する工夫も考えられる。

3）校内研修

　発達障害だけでなく配慮や支援を要する子どもはどの学級にも在籍する可能性があることから，特別支援教育に関する研修は一部の教員のみが受講するのではなく，全教職員が学ぶ設定が望ましい。学校・園の研修の年間計画に位置づけ，発達の学習や理解啓発研修，人権研修などと重ねて企画するなどの工夫をして，教職員全体で理解を深めるようにする。学年が進み担任が変わっても，必要な支援が一貫して引き継がれるために重要である。

4）専門家チームの活用

　都道府県や市町村教育委員会では，医療・福祉・心理・通級指導担当等を含む専門家チー

ムを置いている。また，特別支援学校には巡回相談チームを置いているところもある。特別支援学校教員は，特別支援教育に関する研修を多く積んでいる。高い専門性を持つ教員が地域にある学校・園を支援するセンター機能の役割として巡回相談を担当している。担当者の得意分野にもよるが，心理検査の実施，担任や保護者との相談，授業を参観した上で，教室で担任ができる支援の手立てのヒントなどを提供している。身近にある地域支援の仕組みを把握して，積極的に活用したい。

5）校内でできる具体的な支援体制

　校内検討や巡回相談を受けた後は，担任を中心とした指導を進めていくこととなる。実際に校内の人材を活かした支援体制例として，以下の4点を挙げる。学校の持つ人的資源を活用して，学習をはじめさまざまな活動で学級を支える手立てを考える。

①担任が授業の中でできる支援（授業の場面を工夫した個別指導，放課後を利用した指導）
②担任を含むチームによる支援（ティームティーチング指導，少人数指導，支援員の活用など）
③通級による指導，特別支援学級の利用など
④学生ボランティア，地域ボランティアの協力を得て，遊びやイベント等体験を通したSSTの実施

4．個別の教育支援計画及び個別の指導計画

　通常の学級に在籍している場合，個別の教育支援計画や個別の指導計画の作成は努力義務となっている。担任間で指導上の配慮や支援が引き継がれている場合でも，必ずしも書面で作成されているとは限らない。しかし，高等学校や大学の入学試験で合理的配慮を申し出る際には，在籍校で配慮支援が実際に行われていたことが確認される。通常の学級に在籍している場合も，個別の指導計画の作成と活用が行われることが望ましい。合理的配慮の提供だけでなく，移行支援としての引継ぎや機能の充実も期待されている。

　作成と活用にあたっては保護者への聞き取りや説明が不可欠であるが，障害のある子どもを育てる保護者の心情に寄り添い，思いを受け止めながら，学校生活での姿，家庭生活での姿を共有する。共に育てる過程での成長を喜び合い，互いに子どもへの理解を深めていくことを大切にしたい。

D-1-4　通常の学級の担任による理解啓発

1．他の児童生徒への理解啓発

　通常の学級の子どもたちは，担任の姿勢に敏感である。担任があたたかく肯定的な学級経営を目指して，互いを尊重し認め合う関係づくりができていれば，子ども同士の理解は早い。しかし，行動面での不適応対応をはじめ，さまざまな要因から担任自身が学級経営に苦しんでいる状況にある場合は，担任が学級づくりに向き合えるための支援も早急に行う必要があ

る。その場合も，学級の子どもと担任の信頼関係，ルールある学級づくりが基本となる。

　通常の学級に在籍する発達障害のある児童生徒の困難は，一見しただけでは理解されにくい。特定の教科だけ苦手であると，単なる好き嫌いに見えたり，学習をさぼっているように見えたりすることもある。また，読み書きの困難があって学年が進むと，学習への拒否感が出てきたり，理解して学ぶことも困難になったりと，他教科にも困難が拡大していく要因となる。

　近年は読み書きに時間がかかるなどの場合には，板書を写真撮影する，学習プリント，テストプリントを拡大するといった合理的配慮が徐々に認められるようになってきた。GIGAスクール構想による1人1台タブレット端末の配付が進んだことにより，読み書きに困難のある児童生徒が教室でタブレット端末を活用したり，音声教材を活用したりして学習できる環境も急速に整ってきた。他の児童生徒に説明する際には，「自分の学び方に合わせて，それぞれに必要であれば認められる」と教えることが重要である。誰もが同じように学習参加できることが公正で誰でも希望すれば検討されることをわかりやすく伝えた上で，自分に必要な支援かどうかを各自に考えさせ，互いの違いを知り，認め合う指導が理解につながるだろう。

　学び方の違う子どもに対して，学級集団の中で個に応じた手立てを行うことが，担任1人の判断では難しい場合には，校長のリーダーシップのもと学校全体で検討する。校内の教職員の誰もが，「一人一人みんな違ってよい。学習参加に必要であれば，配慮や支援は検討できる。どの子にも自分自身に支援が必要かを考えさせる」という姿勢を持つことが大切である。子どもたちは，学校や担任の対応を見て学ぶ。特別な教育的支援を要する児童生徒への対応によって，互いの違いを認め合い，仲間を大切にする心情を育てることが，共生社会をつくる人材を育てることにつながる。

2. 保護者との連携

　学校生活を通して，子どもたちは学力と社会性を身につける。まず保護者と本人の思いや願いを十分に聞き取ることが大切である。どの保護者にとっても，我が子が学校で友達と仲良く学び，学力・生きる力をつけることは第一の願いである。

　教室は，在籍するどの子どもにとっても安全で安心できる場でなければならないので，行動面でのトラブルや課題は最優先で対応する必要がある。ASDやADHDの診断があり，かつ安全面や対応法に困難が想定される場合には，本人や保護者といち早くラポールを取り，困ったときの対応策を事前に話し合っておくことも必要である。周囲の保護者には，診断名を告げるのではなく具体的な場面での担任としての対応や，どのように子どもたちに教えていくか，といった方針について伝え，理解と協力を求めていくようにする。診断名を含め，個人情報は慎重に扱わなければならない。

　学習面での支援は，できるだけ早期に自分に合った学習方法を見つけ，主体的に学ぶ力につなげたい。どの子も大切にし，個に応じた配慮や支援を行うことを，担任が実践を通じて保護者に伝えていくようなサポートを行う。担任が安心して保護者に学級経営方針を伝えられるよう，管理職や特別支援教育コーディネーターなど，周囲の支援者がチームとして子どもと保護者，担任を支援していくようにする。特別支援教育の視点は，学校長が学校経営方針などで，すべての保護者に向けて生徒指導，人権教育などの観点と併せて発信していくこ

とも重要である。

〔引用文献〕

American Psychiatric Association（2013）：Diagnostic and statistical manual of mental disorders Fifth Edition：DSM-5. American Psychiatric Press, Washington DC. 高橋三郎, 大野　裕（監訳）（2014）：DSM-5 精神疾患の診断・統計マニュアル. 医学書院.

船曳康子（2016）：MSPA（Multi-dimensional Scale for PDD and ADHD）「発達障害用の要支援度評価スケール」. 児童青年精神医学とその近接領域, 57（4）, 481-485.

船曳康子（2018）：MSPA（発達障害用の要支援度評価尺度）の理解と活用. 勁草書房.

外務省（2014）：障害者の権利に関する条約.

花熊　曉, 高槻市立五領小学校（2011）：小学校ユニバーサルデザインの授業づくり・学級づくり（通常の学級で行う特別支援教育）. 明治図書.

一般社団法人日本 LD 学会（2018）：LD-SKAIP.

海津亜希子（2010）：多層指導モデル MIM─読みのアセスメント・指導パッケージ. 学研教育みらい.

海津亜希子（2015）：RTI と MIM. LD 研究, 24（1）, 41-51.

小枝達也, 関あゆみ（2019）：T 式ひらがな音読支援の理論と実践. 日本小児医事出版社.

厚生労働省（2018）：保育所保育指針解説.

京都府総合教育センター特別支援教育部（2013）：通常の学級におけるユニバーサルデザイン授業の研究.

文部科学省（2012）：共生社会の形成に向けたインクルーシブ教育システム構築のための特別支援教育の推進（報告）.

文部科学省（2017a）：幼稚園教育要領.

文部科学省（2017b）：小学校学習指導要領解説総則編.

文部科学省（2017c）：中学校学習指導要領解説総則編.

文部科学省（2018）：高等学校学習指導要領解説総則編.

文部科学省（2021a）：障害のある子供の教育支援の手引〜子供たち一人一人の教育的ニーズを踏まえた学びの充実に向けて〜.

内閣府（2021）：障害を理由とする差別の解消の推進に関する法律（改正：令和 3 年法律第 56 号）.

〔参考文献〕

CAST（2011）：Universal Design for Learning Guidelines version 2.0. Wakefield, M.A., 金子晴恵, バーンズ亀山静子（訳）（2011）：学びのユニバーサルデザイン（UDL）ガイドライン全文.

鋒山智子（2014）：教職員の専門性向上と研修のあり方. 柘植雅義（編著）：ポケット管理職講座特別支援教育. 教育開発研究所, pp.106-115.

一般社団法人日本 LD 学会（編）（2017）：LD・ADHD 等関連用語集〔第 4 版〕. 日本文化科学社.

文部科学省（2017d）：「発達障害を含む障害のある幼児児童生徒に対する教育支援体制整備ガイドライン」〜発達障害等の可能性の段階から, 教育的ニーズに気付き, 支え, つなぐために〜.

文部科学省（2021b）：中央教育審議会「令和の日本型学校教育」の構築を目指して〜全ての子供たちの可能性を引き出す, 個別最適な学びと, 協働的な学びの実現〜（答申）.

柘植雅義（編著）（2005）：学校の PDCA シリーズ No.3 通常学級での特別支援教育 PDCA. 教育開発研究所. 教職研修 9 月号増刊.

D-2
学校・園における支援体制Ⅱ：通級による指導

【概要】.................通級による指導の変遷（通級による指導を受ける児童生徒の増加，2018（平成30）年度からの高等学校における制度化）や通級による指導の概要（対象となる障害種，条件，指導内容・方法）について解説する。通級による指導は教育課程上「自立活動」に該当すること，通級による指導を行うにあたっては，個別の指導計画を立てることが義務となっていることなどを説明し，具体的な指導の内容について述べる。

【キーワード】..........通級による指導の制度の変遷／自立活動／自校通級・他校通級・巡回による指導／通常の学級との連携／専門機関との連携

【到達目標と評価】.....①通級による指導の制度の変遷，及び制度化された背景について説明できる。
②通級による指導の概要（対象，条件，指導内容・方法）について説明できる。
③通級による指導における通常の学級や専門機関との連携について説明できる。

D-2-1　通級による指導の制度

1.　通級による指導の制度化

　通級による指導とは，通常の学級に在籍する障害のある児童生徒が，各教科等の大部分の授業を通常の学級で受けながら，一部の授業について，個々の障害の状態に応じた特別の指導を通級指導教室のような特別な場で受ける指導形態である。通級による指導において，障害による学習上または生活上の困難の改善・克服を目的とした指導を行うことにより，通常の学級における授業においてもその指導の効果が期待される。

　通級による指導を受けている児童生徒数は，制度化した1993（平成5）年の1万2千人から2019（令和元）年には13万4千人と約11倍にまで増加しており，制度は着実に定着してきている（文部科学省，2019）。

　通級による指導は，1992（平成4）年3月の通級学級に関する調査研究協力者会議「通級による指導に関する充実方策について（審議のまとめ）」（文部省，1992）を受け，学校教育法施行規則の一部改正等を行い，1993（平成5）年に制度化された。制度化以前にも，言語障害等のある児童生徒を中心に，通常の学級において大部分の教科等の授業を受けながら，障害の状態に応じた特別の指導を受ける現在の通級による指導と同様な教育が行われていた。文部省（当時）は，このような指導を受ける場合の教育課程の取扱いを明確にするため，学校教育法施行規則の一部改正等を行い，小・中学校において通級による指導という教

育の一形態を制度化した。

2．LD，ADHD の通級の対象への追加

　1993（平成 5）年の制度化の段階では，LD 等のある児童生徒の実態が明らかとは言えなかったため，通級による指導の対象とはなっていない。具体的な指導方法等について調査研究を行い，その結果を踏まえて検討されることとなった。その後，特別支援教育の在り方に関する調査研究協力者会議が 2003（平成 15）年に取りまとめた「今後の特別支援教育の在り方について（最終報告）」（文部科学省，2003）において，従来の「特殊教育」から障害のある児童生徒一人一人の教育的ニーズに応じて適切な教育的支援を行う「特別支援教育」への転換を図ることが基本的な方向として示され，小・中学校の通常の学級に在籍する LD，ADHD のある児童生徒に対する適切な対応の必要性が提言された。また，中央教育審議会が 2005（平成 17）年 12 月に取りまとめた「特別支援教育を推進するための制度の在り方について（答申）」（文部科学省，2005）において，LD，ADHD のある児童生徒についても，通級による指導の対象とすること等が提言された。このような経緯により，2006（平成 18）年 4 月に学校教育施行規則の一部が改正され，新たに学習障害者，注意欠陥多動性障害者が通級の対象として加えられ，併せてそれまで情緒障害者に含まれていた自閉症者が独立する形で整理された。

3．特別支援教育の体制整備と連続性のある「多様な学びの場」

　2007（平成 19）年 4 月に「特別支援教育の推進について」（文部科学省初等中等教育局長通知）が発出され，障害の程度等に応じ特別の場で特別の指導を行う「特殊教育」から，障害のある子ども一人一人の教育的ニーズに応じて適切な指導及び必要な支援を行う「特別支援教育」への転換が図られた（文部科学省，2007）。同通知には，特別支援教育の体制整備として，校内委員会の設置，実態把握，特別支援教育コーディネーターの指名，「個別の教育支援計画」の策定と活用，「個別の指導計画」の作成，教員の専門性の向上について示されている。

　また，2007（平成 19）年に「障害者の権利に関する条約」に署名し，2012（平成 24）年 7 月に中央教育審議会「共生社会の形成に向けたインクルーシブ教育システム構築のための特別支援教育の推進（報告）」がまとめられた（文部科学省，2012）。同報告では，障害のある子どもと障害のない子どもが同じ場で共に学ぶことを追求するとともに，個別の教育的ニーズのある子どもに対し，自立と社会参加を見据え，その時々で教育的ニーズに最も的確に応える指導を提供できる，多様で柔軟な仕組みを整備することが重要であり，通常の学級，通級による指導，特別支援学級，特別支援学校といった，連続性のある「多様な学びの場」を用意しておくことが必要であるという考え方が示された。

4．高等学校における制度化

　高等学校における障害のある生徒に対する指導や支援については，通常の授業の範囲内での配慮や学校設定教科・科目等により行われており，通級による指導のように特別の教育課程を編成して特別の指導を行うことは制度上できなかった。

　2009（平成 21）年 8 月に特別支援教育の推進に関する調査研究協力者会議に置かれた高

等学校ワーキング・グループが取りまとめた「高等学校における特別支援教育の推進について（報告）」において，高等学校における通級による指導についての制度化を視野に入れた実践を進める必要性が示された（文部科学省，2009）。その後，2016（平成28）年3月に高等学校における特別支援教育の推進に関する調査協力者会議により「高等学校における通級による指導の制度化及び充実方策について（報告）」がまとめられ（文部科学省，2016），それを受けて，2016（平成28）年12月に学校教育法施行規則の一部を改正する省令等が公布（施行は2018（平成30）年4月1日）され，高等学校における通級による指導が制度化された。

　同報告では，「通級による指導の導入は，障害のある生徒を特別な場に追いやるものであってはならない。障害のある生徒の自立や社会参加に向けた主体的な取組を支援するという視点に立ち，一人一人の教育的ニーズを把握し，その持てる力を高め，障害による学習上又は生活上の困難を改善又は克服するための適切な指導及び必要な支援を行うという特別支援教育の基本理念を改めて認識し，障害のある生徒の在籍する全ての高等学校において，特別支援教育が一層推進されることを期待する」と示されている。

D-2-2　通級による指導の概要

1. 特別の教育課程の編成

　通級による指導は，障害に応じた特別の指導を通常の教育課程に加え，またはその一部に替えて行うものであり，通級による指導を受けている児童生徒については，特別の教育課程を編成する必要がある。学校教育法施行規則第140条において，小学校，中学校，義務教育学校，高等学校又は中等教育学校の通常の学級に在籍している児童生徒に対して障害に応じた特別の指導（通級による指導）を行う場合には，特別の教育課程によることができると示されている。

　学校教育法施行規則第141条では，児童生徒が在籍する学校以外の学校において通級による指導を受ける場合（他校通級）は，当該児童生徒が在籍する学校の校長が，他の学校で受けた授業を在籍する学校の特別の教育課程に係る授業とみなすことができると規定している。

> 　第百四十一条　前条の規定により特別の教育課程による場合においては，校長は，児童又は生徒が，当該小学校，中学校，義務教育学校，高等学校又は中等教育学校の設置者の定めるところにより他の小学校，中学校，義務教育学校，高等学校，中等教育学校又は特別支援学校の小学部，中学部もしくは高等部において受けた授業を，当該小学校，中学校，義務教育学校，高等学校又は中等教育学校において受けた当該特別の教育課程に係る授業とみなすことができる。

　高等学校では，卒業までに74単位以上修得することにより卒業資格が認められる。通級による指導は，年間7単位を超えない範囲で在学する高等学校等が定めた全課程の修了を認めるに必要な単位数のうちに加えることができる。高等学校における通級による指導の単位認定の在り方については，生徒が個別の指導計画に従って通級による指導を履修し，個別に

設定された目標が達成されたと認められる場合は，当該高等学校の単位を修得したことを認定しなければならないとされている。また，年度途中から指導が開始された場合など，特定の年度における授業時数が標準の単位時間（35 単位時間）に満たない場合でも，次年度以降に通級による指導の時間を設定し，2 年以上にわたる授業時数を合算して単位の認定を行うことができる。

2．通級による指導の対象

　通級による指導の対象は，通常の学級での学習におおむね参加でき，一部特別な指導を必要とする程度のものとされている。これは通常の教育課程に加えるあるいはその一部に替える等して特別の教育課程による教育を行う制度であり，通常の学級で教育を受けることを基本としているためである。したがって特別支援学級や特別支援学校に在籍する児童生徒については，通級による指導の対象とはならない。

　特別の教育課程が編成できる障害種別については，学校教育法施行規則第 140 条に以下のとおり明記されている。

　　　第百四十条　小学校，中学校，義務教育学校，高等学校又は中等教育学校において，次の各号のいずれかに該当する児童又は生徒（特別支援学級の児童及び生徒を除く。）のうち当該障害に応じた特別の指導を行う必要があるものを教育する場合には，文部科学大臣が別に定めるところにより，第五十条第一項，第五十一条，第五十二条，第五十二条の三，第七十二条，第七十三条，第七十四条，第七十四条の三，第七十六条，第七十九条の五，第八十三条及び第八十四条並びに第百七条の規定にかかわらず，特別の教育課程によることができる。
　　　　一　言語障害者
　　　　二　自閉症者
　　　　三　情緒障害者
　　　　四　弱視者
　　　　五　難聴者
　　　　六　学習障害者
　　　　七　注意欠陥多動性障害者
　　　　八　その他障害のある者で，この条の規定により特別の教育課程による教育を行うことが適当なもの

　上記の第八号その他に該当する障害は，肢体不自由，病弱及び身体虚弱である。

　なお，知的障害者については，学習上または生活上の困難の改善・克服のために知的障害者が必要な指導は，生活に結びつく実際的・具体的な内容を継続して行うことが適切であることから，一定の時間のみの指導を行うことがなじまないため，通級による指導の対象とはなっていない。

　通級による指導の対象とすることが適切な児童生徒の判断にあたっては，医学的な診断のみにとらわれず，障害のある児童生徒に対する教育の経験のある教師等による観察・検査や専門医による診断等に基づき，教育学，医学，心理学等の観点から校内委員会で検討すると

ともに専門家チームや巡回相談を活用するなどして客観性を持って総合的かつ慎重に行う必要がある。

　特に LD，ADHD のある児童生徒については，通常の学級において教師の適切な配慮やティーム・ティーチングの活用，学習内容の習熟の程度に応じた指導の工夫等により対応することが適切な場合があることにも留意が必要である。

　通級による指導では，児童生徒の障害の状態等を適切に把握し，その変化等に応じて，柔軟に教育措置の変更を行うことができるように配慮することが必要である。たとえば，障害の状態が改善され，通常の学級でほぼ支障なく授業を受けることができるようになった場合は，通級による指導を終了して通常の学級ですべての授業を受けるようにするなどの対応を考える必要がある。

3. 特別の指導「自立活動」

　小学校学習指導要領または中学校学習指導要領解説（総則編）では，特別支援学級または通級による指導において特別の教育課程を編成する場合には，「特別支援学校小学部・中学部学習指導要領に示す自立活動の内容を参考とし，具体的な目標や内容を定め，指導を行うもの」とすることが新たに規定された（文部科学省，2017a, 2017b）。したがって，指導にあたっては，特別支援学校小学部・中学部学習指導要領に示す自立活動の内容を参考とし，児童一人一人に障害の状態等の的確な把握に基づいた個別の指導計画を作成し，具体的な指導目標や指導内容を定め，それに基づいて指導を展開する必要がある。高等学校学習指導要領解説（総則編）にも同様の記載がある（文部科学省，2018a）。

　特別の教育課程による特別の指導とは，「障害による学習上または生活上の困難を改善又は克服すること」を目的とする特別支援学校の「自立活動」を参考とした指導を指す。特に必要があるときは，障害の状態に応じて各教科の内容を取り扱いながら行うこともできるが，単に学習の遅れを取り戻す目的の指導を行うことはできない。各教科の内容を取り扱う場合でも，障害による学習上又は生活上の困難を改善または克服することを目的とする指導として行う。

　自立活動の内容としては，「健康の保持」「心理的な安定」「人間関係の形成」「環境の把握」「身体の動き」及び「コミュニケーション」の 6 つの区分及び区分の下に 27 の項目を設けている。自立活動の内容は，各教科等のようにそのすべてを取り扱うものではなく，個々の児童生徒の障害の状態等の的確な把握に基づき，障害による学習上または生活上の困難を主体的に改善・克服するために必要な項目を選定して取り扱うものである。生徒一人一人に個別に指導計画を作成し，それに基づいて指導を展開する必要がある。

　特に必要があるときは，障害の状態に応じて各教科の内容を取り扱いながら行うこともできるが，これは障害の状態に応じた特別の指導であり，単に教科学習の遅れを補填するための指導ではない。障害による学習の困難さに対して，円滑に学習に取り組むことができるようにするため，自分に合った学び方，学習方略を習得するための指導を意味している。たとえば，読み書き等の学習面に困難さを抱える児童生徒の場合，失敗経験が積み重なり，学習面のつまずきが生活面や行動面に二次的な影響を及ぼしている場合も少なくない。自己評価や学習意欲を高めることを基本に，学び方や学習方略の手がかり等となる指導を行い，通常の学級における指導や合理的配慮へつなげていくことが重要である。したがって，在籍する

学級で取り組むことが難しい学習内容をすべて通級による指導で学習することは，本来の通級による指導の趣旨にはそぐわない。通級による指導を通常の学級の教科指導として代替することはできない。

4. 授業時数

　授業時数については，年間 35 単位時間から年間 280 単位時間以内の範囲で行うことが標準とされている。週あたり 1 単位時間程度から 8 単位時間程度までとなる。

　なお，LD，ADHD の場合は，年間授業時数の上限については他の障害種別と同じであるが，月 1 単位時間程度でも指導上の効果が期待できる場合があることから，年間 10 単位時間（月 1 単位時間程度）が下限となっている。

　通級による指導で特別な教育課程を編成するにあたっては，障害に応じた特別の指導を通常の教育課程に加え，またはその一部に替えて行うことができる。教育課程の一部に替える場合は，他の児童生徒が他の授業を受けている時間に，通級による指導を設定することになり，対象となる児童生徒の全体の授業時間数は他の児童と変わらない。一方，教育課程に加える場合は，放課後等の授業のない時間に通級による指導の時間を設定することになる。この場合は，対象となる児童生徒の全体の授業時間数は他の児童生徒の授業時間数に比べて増えることになることから，児童生徒の負担の軽減等も考慮して設定する必要がある。

　高等学校においては，高等学校学習指導要領に規定する必履修教科・科目，総合的な学習の時間及び特別活動に替えることはできない。また，専門学科及び総合学科においてすべての生徒に履修させるものとされている「産業社会と人間」についても，通級による指導と替えることはできない。

5. 主な指導内容

　文部科学省『改訂第 3 版 障害に応じた通級による指導の手引——解説と Q&A』（2018b）には，障害種ごとの指導内容の例が示されている。ここでは，LD，ADHD，自閉スペクトラム症（ASD）について紹介する（筆者が一部改変）。

　ASD の指導内容
　　ASD は，他者と社会的な関係を形成することに困難を伴い，しばしばコミュニケーションの問題や行動上の問題，学習能力のアンバランスを併せ有することもある。そのような場合には，円滑なコミュニケーションのための知識・技能を身につけることを主な指導内容とした個別指導が必要である。
　　さらに個別指導で学んだ知識・技能を一般化する場面として，小集団指導（グループ指導）を行うことも効果的である。指導では，個別指導で学んだ知識・技能を音楽や運動，ゲームや創作活動などの実際的・具体的な場面で活用・適用して，実際の生活や学習に役立つようにするとともに，学校の決まりや適切な対人関係を維持するための社会的ルールを理解することなど，社会的適応に関することを主なねらいとする。
　　他にも，ASD のある児童生徒には，感覚の過敏さや鈍麻さがある場合があるため，自分の感覚の特性に気づき，工夫する技能等を身につけるための指導を行うことも考えられる。指導にあたっては，視聴覚機器等の教材を有効に活用し，指導の効果を高

めることが大切である。

　なお，ASD のある児童生徒の場合，LD や ADHD の障害の特性を併せ有する場合もあり，指導の際には留意が必要である。

LD の指導内容

【聞くことの指導】

　教師の指示をしっかり聞いて理解することが苦手な場合には，興味，関心のある題材等を活用して，できるだけ注意を持続させたり，音量に配慮したりして，注意深く話を聞くことができるようにするとともに，その必要性を理解させるなどして，態度や習慣を身につけさせる指導等がある。

【話すことの指導】

　自分の話したい内容をしっかり伝えることが苦手な場合には，あらかじめ話したいことをメモしておくなどの工夫をして，書かれたものを見ながら自信を持って話をするなど，自分に適した方法を理解させ，身につけさせる指導等がある。

【読むことの指導】

　文章を読むことが苦手で，それにより内容の理解に至らない場合には，読み上げてもらい内容理解を重視する。また細かな違いの見極めが難しいときには，漢字やアルファベットを大きく表すことで読みやすくする。このような自分に適した方法を理解させ，身につけさせる指導等がある。また，内容の理解においては，指示語の理解を図る指導や書かれた事実を正確に捉えたり，図解して主題や要点を捉えたりするなどして，自分に適した方法を理解させ，身につけさせる指導等がある。

【書くことの指導】

　文字を正確に書き取ることが苦手な場合には，間違えやすい漢字やアルファベットを例示するなどして，本人に意識させながら正確に書かせる。また，経験を思い出しながらメモし，それを見ながら文章を書いたり，読み手や目的を明確にして書いたりするなどして，自分に適した方法を理解させ，身につけさせる指導等がある。

【計算することの指導】

　暗算や筆算をすることや数の概念を理解することが苦手な場合には，身近な事象をもとに，数概念を形成する指導や数概念を確認しながら計算力を高めたり，文章の内容を図示するなどしてその意味を理解させながら文章題を解いたりするなどして，自分に適した方法を理解させ，身につけさせる指導等がある。

【推論することの指導】

　事実から結果を予測したり，結果から原因を推測したりすることが苦手な場合には，図形を弁別する指導や空間操作能力を育てる指導，算数や数学で使われる用語（左右，幅，奥行き等）を理解させる指導，位置関係を理解させる指導等を通して，推論するために自分に適した方法を理解させ，身につけさせる指導等がある。

　これらの他にも，社会的技能や対人関係に関わる困難を改善・克服するための指導として，ソーシャルスキルやライフスキルに関する内容などがある。その際には，小集団指導（グループ指導）を活用することも有効である。さらに，障害の理解を図り，自分が得意なこと・不得意なことを児童生徒に自覚させる指導も大切である。

　なお，LD のある児童生徒の場合，ADHD や ASD の障害の特性を併せ有する場合もあり，指導の際には留意が必要である。

ADHD の指導内容
【不注意による間違いを少なくする指導】
　不注意な状態を引き起こす要因を明らかにする努力が大切である。その上で，たとえば，刺激を調整し，注意力を高める指導，また，情報を確認しながら理解することを通して自分の行動を振り返らせるなどして，自分に適した方法を理解させ，身につけさせる指導等がある。
【衝動性や多動性を抑える指導】
　指示の内容を具体的に理解させたり，手順を確認したりして，集中して作業に取り組ませるようにする指導や，作業や学習等の見通しを持たせるなどして集中できるようにする指導，身近なルールを継続して守らせるようにさせるなどして，自己の感情や欲求をコントロールする自分に適した方法を理解させ，身につけさせる指導等がある。
　これらの他にも，社会的技能や対人関係に関わる困難を改善・克服するための指導として，ソーシャルスキルやライフスキルに関する内容などがある。その際には，小集団指導（グループ指導）を活用することも有効である。さらに，障害の理解を図り，自分が得意なこと・不得意なことを児童生徒に自覚させる指導も大切である。
　なお，ADHD のある児童生徒の場合，LD や ASD の障害の特性を併せ有する場合もあり，指導の際には留意が必要である。

6. 個別の教育支援計画，個別の指導計画

　通級による指導は，指導を受けるすべての児童生徒について個別の教育支援計画と個別の指導計画を作成し，活用しなければならないことが，小学校，中学校及び高等学校学習指導要領解説（総則編）に示されている（文部科学省，2017a, 2017b, 2018a）。
　学習指導要領解説（総則編）では，個別の指導計画，個別の教育支援計画についての説明がある。以下にその内容を抜粋してまとめた。

①個別の教育支援計画
　2003（平成 15）年度から実施された障害者基本計画においては，教育，医療，福祉，労働等の関係機関が連携・協力を図り，障害のある児童の生涯にわたる継続的な支援体制を整え，それぞれの年代における児童の望ましい成長を促すため，個別の支援計画を作成することが示された。この個別の支援計画のうち，幼児児童生徒に対して，教育機関が中心となって作成するものを，個別の教育支援計画という。
②個別の指導計画
　個別の指導計画は，個々の児童生徒の実態に応じて適切な指導を行うために学校で作成されるものである。個別の指導計画は，教育課程を具体化し，障害のある児童など一人一人の指導目標，指導内容及び指導方法を明確にして，きめ細やかに指導するために作成するものである。

　通級による指導では，アセスメントをもとに個別の指導計画の PDCA（Plan（計画），Do（実行），Check（評価），Action（改善））サイクルを機能させることが重要である。個別の指導計画の作成は，行動観察をもとに，児童生徒についての実態把握から始まる。実態把握では，課題や困難な点だけでなく，できていることや強みとなる点，また少しの支援により達成可能なことなどにも注目する。発達障害等のある児童生徒の場合は，コミュニケーションスキルやソーシャルスキル，アカデミックスキルなどのスキルの習得を目指すだけでなく，習得したスキルを日常生活においてどのように活用できるかが指導の目標になる。通級指導教室では困難が改善しても，在籍する学級での改善が見られなければ通級による指導の成果があったとはいえない。指導の評価は，児童生徒一人一人について生活環境における適応状態で考えていくことになる。通常の学級における適応状態と連動して評価することが重要である。

　個別の指導計画に基づき指導を実践し，指導の成果をできるだけ客観的に評価するためには，指導目標が重要になる。目標設定があいまいでは，目標達成の評価ができない。「いつまでに，何を，どこまで，どのように」という過程をある程度明確にしておく。本人，保護者，担任等の教育的ニーズを把握することも重要である。指導の評価は，児童生徒の学習状況の評価（目標の達成状況，取組状況など）と指導者の指導に関する評価（目標設定，内容・方法，手立てなど）の両面から行う。適応上の困難さの軽減，問題解決能力の向上，意欲や自己効力感の高まり，自己理解の促進，二次的な問題の改善，周囲の関係者の関わり方の改善等も評価の指標となる。

　通級による指導において個別の教育支援計画を活用することは，適切な指導及び必要な支援を行う上で有効であるが，通常の学級における指導を含めた学校生活全般においても，個別の教育支援計画を踏まえた支援が行われることが望まれる。作成にあたっては，保護者も支援者の一人として協議に参画し，その意見を十分に反映させ，本人・保護者のニーズを踏まえた支援を実施することが大切である。また，個人情報の取扱いについては十分な配慮が必要であり，その取扱いについて，本人・保護者の了解が不可欠であるとともに，情報を共有する関係機関の範囲等について，取り決めておく必要がある。

7. 自校通級，他校通級，巡回による指導

　通級による指導の実施形態には，児童生徒が在籍している学校において指導を受ける「自校通級」，他の学校に定期的に通級し指導を受ける「他校通級」，「他校通級」では児童生徒の移動による心身の負担や移動時の学習が保障されないなどの課題から，通級による指導の担当者が該当する児童生徒が在籍する学校を訪問し指導を行う「巡回による指導」がある。

　「自校通級」「他校通級」，また「巡回による指導」は，それぞれ良い点と課題点がある。

1）自校通級

　「自校通級」の場合は，指導を受ける児童生徒の通学の負担がなく，時間割の一部を通級指導教室で指導を受け，また在籍学級に戻り学習することができるなど校内で柔軟な対応が可能になる。さらに，通級による指導の担当者と学級担任等が日常的に情報交換を行うことが可能である。課題としては，学級を抜けて自分だけ他の教室で指導を受けることに対する抵抗感を抱く児童生徒がいること，学級でのトラブルをそのまま持ち込み気持ちの切り替え

がなかなかできない場合があること，小集団指導が計画しにくいことなどが挙げられる。

2）他校通級

「他校通級」の場合は，在籍校のトラブルを引きずらずに気持ちを切り替えて指導を受けることができること，自校の児童生徒に知られたくないという心理的な抵抗感の軽減になること，他校にも友達ができることなどが良い点として挙げられる。課題としては，通級に要する時間や保護者の付き添いの負担，学級担任等との話し合いのための時間確保の難しさなどがある。

3）巡回による指導

「巡回による指導」は，対象となる児童生徒が少ない学校でも実施が可能であること，児童生徒が在籍校において指導を受けることができるなど，「自校通級」と同様の利点がある。課題としては，巡回する教師の身分保障を教育委員会が明確にしておく必要があること，担当できる児童生徒の数が自校通級や他校通級に比べて少なくなる可能性があること，複数の学校を巡回する教師の負担，教室環境や教材・教具等の整備などがある。

通級による指導の対象となる児童生徒が在籍するすべての学校で指導が受けられるようにすることが望まれるが，すべての学校に通級指導教室を設置することは困難な状況がある。そこで，これまで「自校通級」「他校通級」を中心に展開していた地域でも，通級による指導の担当者が，児童生徒が在籍する学校を訪問して指導を行う「巡回による指導」の併用が検討されている。

8．通級による指導の担当者の役割と専門性

通級による指導は，小・中・高等学校の通常の学級に在籍している児童生徒に対して，障害の状態等に応じた特別の指導を小・中・高等学校の教育課程に位置づけて行うものである。通級による指導の担当者は，それぞれの校種に応じて，小学校教員免許状，中学校教員免許状，高等学校教員免許状を取得している必要がある。加えて，特別支援教育に関する知識を有し，障害による学習上又は生活上の困難を改善・克服することを目的とする指導に専門性や経験を有することが望まれる。特別支援学校教諭免許状の取得は義務づけられていないが，取得していることが望ましいとされている。

通級による指導の担当者は，通級による指導を受けている児童生徒に対する指導の実施のみならず，専門的な知識を有する立場から校内委員会に参加したり，通常の学級を巡回したりして，通級による指導を受ける必要のある児童生徒に対して，早期からの支援につなげるなど校内の特別支援教育推進のキーパーソンとしての役割を担うことが期待される。通常の学級の担任等に対して特別支援教育に関する助言を行うとともに，通常の学級の集団指導の場面において，直接，児童生徒を支援する場合もある。通常の学級の担任等や保護者からの求めに応じ，特別支援教育コーディネーターと連携して，専門機関に情報を提供する場合もある。特別支援教育コーディネーターとは定期的な情報交換を行い，校内における支援体制の状況把握に努め，校内支援等を効果的に行う体制づくりにも協力する。他校通級や巡回による指導において，他校の児童生徒を指導している場合は，その学校の特別支援教育コーディネーターとの連携を図ることも重要である。

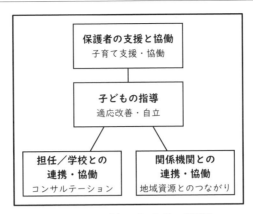

図 D-2-I　通級の担当者の専門性

　通級による指導の担当者が身につけておきたい専門性としては，児童生徒の指導を中核として，通常の学級の担任等へのコンサルテーション，保護者への支援と協働，関係機関との連携に関する専門性などが重要になる（図 D-2-I）。

　国立特別支援教育総合研究所（2020）は，通級による指導の担当者が身につけておくべき専門性についての項目と内容を研修カリキュラムとしてまとめている。

D-2-3　保護者，通常の学級，関係機関との連携など

1. 保護者への支援と協働

　保護者が家庭生活における子育てに悩んでいる場合には，養護教諭やスクールカウンセラー等とも連携し，保護者からの相談を受けることもある。小学校に比べると中学校や高等学校では，保護者が児童生徒の学校での様子を知る機会が少なくなることから，家庭生活と学校生活がつながりにくいこともある。通級による指導の担当者が通常の学級の担任等と保護者との信頼関係を構築するための役割を担うことも重要である。たとえば，①周りからの孤立感への支援として問題を共有化し精神的な支えとなる，②生徒の実態について情報提供を行い正しい理解についての支援を行う，③学校関係者をつなぎ連携・協働関係を構築する，④家庭や家族の抱えている課題等についていつでも相談できる体制を構築する等の視点が重要になる。

　通級による指導を受けている児童生徒の保護者と協働して支援を考え，実践していくためには，保護者との信頼関係を構築していくことがその基盤となる。保護者との信頼関係構築のためには，児童生徒の抱える問題を共有化し，保護者の精神的支えとなるように，まず保護者の孤立感への支援が大切である。困りや悩みの受け止め，長所への注目，願いの受容などの共通理解から，支援の手立てを一緒に考え，努力して成功体験につながるようにする。保護者が今できることから取り組んでいくようにすることもポイントである。家族も課題を抱えているという視点を持ち，家族を支える，子育てを支援していく姿勢も大切である。

2. 通常の学級との連携

　通級による指導を受けている児童生徒は，通常の学級で教育を受けることを基本としている児童生徒である。通級による指導は，通常の学級における児童生徒の学習上又は生活上の適応の改善が図られてこそ，指導の成果があったといえる。通常の学級における適応状態を改善していくことが目的のひとつでもある通級による指導では，児童生徒の在籍校における適応状態がどのように変容したのか，学級担任等と連携し随時学習の進捗状況等について情報交換することが指導の評価と直結してくる。指導の成果や生徒の変容について，保護者，学級担任等と共通理解しやすい段階的な目標設定や客観的な評価方法を工夫することが望まれる。

　通級による指導が通常の学級における指導に活かされていくためには，指導者同士が児童生徒の実態を共有し，指導目標や指導内容等の共通理解を図り，連続性のある指導が行えるように，連携を図ることが不可欠となる。専門的な立場にある通級による指導の担当者が，わかりやすく具体的に，児童生徒の実態に応じた適切な指導と必要な支援について，学級担任等に伝えることができるかがポイントとなる。また，学級担任等が特別支援教育の視点を持って指導を行うことが重要であり，それは集団の中での個別的な指導・支援という視点が持てるということである。通級による指導だけで完結せず，通常の学級においても連続性のある指導となるよう，通級による指導で得られた知見をわかりやすく周囲の関係者に伝えるということは，日常生活における児童生徒の支援者を増やしていくということにもつながる。通級による指導の担当者には，学級担任等の学校関係者に対するコンサルテーションに関する専門性が求められる。

3. 関係機関との連携・協働

　療育機関等との早期からの連携は重要である。また，中学校，高等学校の段階では，生徒の状態像も多様化することから課題や困難さの背景や要因を見立てていく際，医療や福祉，心理等の専門家から指導・助言を受けることも必要になる。また親子関係や家庭環境に支援が必要な場合も関係機関との連携が必須である。通級による指導の担当者は，校内における特別支援教育の中心的な役割を果たすとともに，特別支援教育コーディネーターや生徒指導主事，養護教諭，スクールカウンセラー等と連携し，関係機関との連携・協働を図るなど地域における特別支援教育の推進の重要な担い手としての役割も期待される。生涯にわたり切れ目ない支援が行われるよう相談・支援機能を担う等，地域の教育資源としての役割を担うことも重要になる。

　関係機関との連携は，児童生徒の抱える課題の解決のために，通級による指導や通常の学級における指導・支援を検討，充実させるために行う。実態把握やアセスメントの方法，課題の分析や教育的ニーズの把握，具体的な支援の方法や内容，指導の評価など，関係機関や専門家と連携を図る目的と内容を明確にしておく必要がある。

　児童生徒や保護者がすでにつながっている関係機関がある場合は，必ず了解を得た上で連携を図るようにする。個人情報の保護の問題もあることから，了解なしに連絡を取ることは絶対に避けなければならない。連携においても児童生徒や保護者との信頼関係が前提である。

　医療，保健，福祉，教育，労働等の各分野において，さまざまな支援計画が存在している。

必要な情報を共有し，連携して相談，支援を行うための支援ツールとしてとりまとめ，生涯にわたり活用されるものを作成することが望まれる。特に学校教育を受けている間は，個別の教育支援計画として学校間で引き継ぐものとなる。地域において関係機関が連携した切れ目のない支援につなげるための情報共有の支援ツールとしての機能を持たせることが大切である。支援ツールがうまく活用されるためには，児童生徒や保護者に活用を促すだけでは，情報の共有，引継ぎは期待できない。学校をはじめとして関係機関のすべての関係者が地域におけるこうした支援ツールの存在を知り，積極的に活用していくという姿勢を持つことが重要である。

　関係機関や専門家から得たいものは，診断名や障害名だけでなく，生活や学習上の困難さに関する特性の見方とそれに対する指導，支援の方法である。本人や保護者，学校関係者が共通理解した上で，支援を協働していくことが大切である。

4. 中学校，高等学校における通級による指導

　通級による指導は，言語障害等を中心に早期発見，早期対応から始まった経緯があり，小学校から順に中学校，高等学校へと整備されてきた。指導を受けている児童生徒数は，現状では小学校が全体の8割以上を占めているが，中学校，高等学校も増加傾向にある。小学校と比べると，中学校，高等学校では発達障害のある児童生徒の割合が多くなっている。小学校，中学校，高等学校の発達段階に応じた通級による指導の在り方について検討していく必要がある。

　小学校は原則学級担任制であり，1人の教員がほとんどの教科等の授業を受け持ち，日常の生活指導も含め学級経営全般を担う。特別な教育的ニーズのある児童の指導や支援は学級担任を中心に行われる。しかし，中学校では教科担任制となり，教科ごとに指導する教師が変わり，特別な教育的ニーズのある生徒の指導も日常的に複数の教員が関わることになる。生徒の示す状態像は教科等や場面により異なる場合もあり，課題や具体的な対応についての情報交換を当該生徒に関わるすべての教職員間で行うことが望まれる。特に中学校，高等学校の場合は思春期の課題への配慮が重要であり，生活・行動面の課題に加えて進路選択にも関連する学習面の課題も大きくなる。学習面や行動面に困難さを抱える発達障害のある生徒は，小学校段階からすでにさまざまな学習上，行動上のつまずきを経験してきており，学習意欲や自信を失い，自己肯定感や自己効力感が低くなっている場合も多い。思春期・青年期の発達課題にうまく対応できない場合に，不安障害や強迫性障害，うつ等の二次的な問題が出やすいのもこの時期である。一方，この年代まで未診断，未支援のまま長く適応困難な状態が続き，中学，高校に入学してからようやく発達障害の特性に気づかれる生徒もいる。発達段階やプライバシー，心理的抵抗感などにも配慮が必要になることから，中学校に通級指導教室を設置するのではなく，該当する生徒も担当者も教育センターや学習センター，公民館等に赴き指導を行う巡回型の指導を工夫している地域もある。

　2018（平成30）年度より高等学校においても通級による指導が開始された。これには高い進学率に伴い，多様化した生徒の実態に応じてさまざまな教育システムを整備してきた背景がある。高等学校は生徒の実態や学校の実態に大きな違いがあるのが現状である。小，中学校等で十分に特別な支援がなされなければ，困難さを抱えたまま高等学校に入学することにもなる。高等学校においては，必ずしも障害による特性が顕著ではない生徒も通級による

指導の対象となることも想定される。義務教育段階の学習内容の定着が不十分，いじめや暴力行為の対象，不登校や中途退学，その他教育相談や生徒指導上に挙がる生徒等の中にも，発達障害等の特性が背景にある場合が考えられる。生徒の実態やニーズの把握，アセスメントを基にした通級による指導の必要性について，その判断から決定までの総合的かつ客観的な判断の仕組みが必要である。中学校段階と同様，思春期～青年期にあたるこの時期は，対象となる生徒の自尊感情への配慮等，生徒の気持ちを尊重する対応，周囲への配慮等が何よりも重要になる。

　これまで生徒や学校の実態の多様化に対して，課程や学科等のさまざまな教育制度を設けて対応してきた高等学校教育において通級による指導は，初めて障害のある生徒に対する特別の指導が認められる制度ということになる。特別の教育課程による特別の指導が，小学校，中学校から高等学校までつながったことにより，高等学校における特別支援教育が推進され，切れ目のない支援体制の構築が大きく前進することが期待される。

〔引用文献〕

　　独立行政法人国立特別支援教育総合研究所（2020）：通級による指導の担当者の専門性に関する研修コアカリキュラム（案）～発達障害を中心に～.

　　文部科学省（2003）：今後の特別支援教育の在り方について（最終報告）.

　　文部科学省（2005）：特別支援教育を推進するための制度の在り方について（答申）.

　　文部科学省（2007）：特別支援教育の推進について（文部科学省初等中等教育局長通知）.

　　文部科学省（2009）：高等学校における特別支援教育の推進について（報告）.

　　文部科学省（2012）：共生社会の形成に向けたインクルーシブ教育システム構築のための特別支援教育の推進（報告）.

　　文部科学省（2016）：高等学校における通級による指導の制度化及び充実方策について（報告）.

　　文部科学省（2017a）：小学校学習指導要領解説（総則編）.

　　文部科学省（2017b）：中学校学習指導要領解説（総則編）.

　　文部科学省（2018a）：高等学校学習指導要領解説（総則編）.

　　文部科学省（編著）（2018b）：改訂第3版 障害に応じた通級による指導の手引―解説とQ&A. 海文堂.

　　文部科学省（2019）：「通級による指導実施状況調査」.

　　文部省（1992）：通級による指導に関する充実方策について（審議のまとめ）.

〔参考文献〕

　　独立行政法人国立特別支援教育総合研究所（2018a）：「発達障害等のある生徒の実態に応じた高等学校における通級による指導の在り方に関する研究―導入段階における課題の検討―」研究成果報告書.

　　独立行政法人国立特別支援教育総合研究所（2018b）：「特別支援教育における教育課程に関する総合的研究―通常の学級と通級による指導の学びの連続性に焦点を当てて―」研究成果報告書.

D-3

学校・園における支援体制Ⅲ：
コーディネーターの役割とリソースの活用

【概要】.................... S.E.N.S として知っておくべき，特別支援教育コーディネーターの役割，校内委員会の設定と運営，特別支援教育支援員等の活用と活用上の留意点，通常の学級と通級指導教室との連携等について解説する。さらに，専門家チームや巡回相談の活用と配慮のポイント，特別支援学校のセンター的機能の活用やその他の地域リソースとの連携，特別支援連携協議会などについても述べる。

【キーワード】.......... チーム学校／特別支援教育コーディネーター／校内委員会／特別支援教育支援員／地域リソースの活用

【到達目標と評価】..... ①特別支援教育コーディネーターの役割，学校・園における支援体制と連携について説明できる。
②通級による指導やその他のリソースの役割と連携について説明できる。
③特別支援教育支援員等の役割，活用と活用上の留意点がわかる。
④専門家チームや巡回相談の活用と配慮のポイント，特別支援学校のセンター的機能や地域のリソースについて説明できる。

D-3-1　はじめに

1. S.E.N.S に求められる 2 つの支援

　子どもは，学校・園，家庭や社会といった集団や組織の中で生活している。したがって，発達障害の子どもに限らず，子どもが抱える問題はこれらの環境や関係性の中で生じている。これらのさまざまな問題の解決のためには，子どもに関することだけではなく，子どもを取り巻く環境や関係性を把握し整理すること，そして子どもの周りのリソース（支援資源：支援に関する人や場，機関，施策等）をうまく活用していくことが必要である。

　2016（平成 28）年に改正された発達障害者支援法による発達障害者の「定義」にも，「発達障害者とは，発達障害（自閉症，アスペルガー症候群その他の広汎性発達障害，学習障害，注意欠陥多動性障害などの脳機能の障害で，通常低年齢で発現する障害）がある者であって，発達障害及び社会的障壁（発達障害がある者にとって日常生活又は社会生活を営む上で障壁となるような社会における事物，制度，慣行，観念その他一切のもの）により，日常生活または社会生活に制限を受けるもの」とあり，「発達支援とは，発達障害者に対し，その心理機能の適正な発達を支援し，及び円滑な社会生活を促進するため行う個々の発達障害者の特性に対応した医療的，福祉的及び教育的援助をいう」とある。このことからもわかるように，S.E.N.S が発達障害の子どもの支援にあたるときには，以下の 2 点が求められよう。

　①子ども本人のアセスメントやそれに応じた指導・支援を考えること

　②子どもが生活している学校・園内での支援体制を整え，家庭や地域社会，医療や福祉の専門機関等との連携を図りながら進めること

　本章では，上記②について，学校内や園内における支援体制の構築と，外部のリソースの活用や連携に分けて取り上げる。発達障害などにより学校・園での生活において苦戦している子どもたちにとって，学校・園が，安心して過ごしやすく，達成感を味わいながら成長していける場となるには，支援者同士がどのようにつながっていけばよいのかについて考える。なお，紙面の構成上，「学校」とは通常の学校を指し，その支援体制について述べていく。

2.「チーム学校」による支援と連携

　現在の学校・園で子どもの指導や支援を行う際，基本となる考えに「チームとしての学校」（チーム学校）がある。「チームとしての学校の在り方と今後の改善方策について（答申）」（文部科学省，2015）の中で，「……個々の教員が個別に教育活動に取り組むのではなく，校長のリーダーシップの下，学校のマネジメントを強化し，組織として教育活動に取り組む体制を創り上げるとともに，必要な指導体制を整備することが必要である。その上で，生徒指導や特別支援教育等を充実していくために，学校や教員が心理や福祉等の専門家（専門スタッフ）や専門機関と連携・分担する体制を整備し，学校の機能を強化していくことが重要である」と，述べられている。一方，特別支援教育においては「特別支援教育の推進について（通知）」（文部科学省，2007a）において示された，「校長の責務」をはじめ，「特別支援教育を行うための体制の整備及び必要な取組」等からもわかるように，かねてから教育上特別の支援を必要とする児童等に対して，学校全体で行う支援体制の構築を目指してきた。これらのことから，子どもの支援を考える際には，教師や支援者が1人で完結しようとするのではなく，学校内外のいろいろな立場の支援者とともに考え協力しながら進めることが，子どもにとっても支援者にとっても有益である。その際，子どもの抱える問題を，たとえば学校では，教師側からの「生徒指導」や「特別支援教育」といった側面で切り取らず，子ども自身の課題とその環境・関係性にもしっかりと目を向けて，学校・園内外の支援体制づくりと連携を図っていくことが重要である（図 D-3-1）。

D-3-2　学校・園における支援体制を整える

1.【理念】インクルーシブ教育システムに基づく校内，園内支援体制

　校内支援体制とは，「校内委員会（後述）の機能を中心とした，LD 等の発達障害を含めた特別な教育的支援を必要とする幼児児童生徒や，学級担任等に対する効果的な支援を行うための学校全体の体制を言う」（日本 LD 学会，2017）が，この校内，園内の支援体制を考える際の理念として，「インクルーシブ教育システム」が挙げられる。中央教育審議会初等中等教育分科会の「共生社会の形成に向けたインクルーシブ教育システム構築のための特別支援教育の推進（報告）」（文部科学省，2012）では，「同じ場で共に学ぶことを追求するとともに，個別の教育的ニーズのある幼児児童生徒に対して，自立と社会参加を見据えて，その時

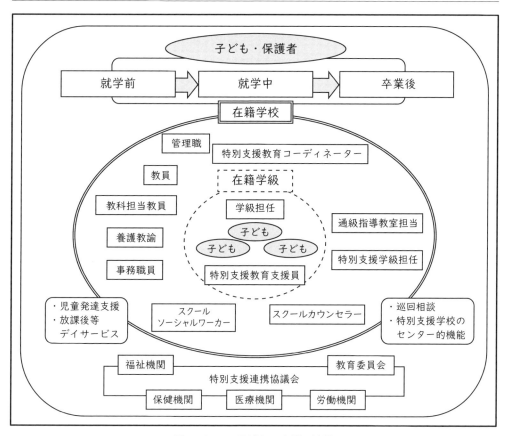

図 D-3-1　子どもの支援と連携

点で教育的ニーズに最も的確に応える指導を提供できる，多様で柔軟な仕組みを整備することが重要である。小・中学校における通常の学級，通級による指導，特別支援学級，特別支援学校といった，連続性のある『多様な学びの場』を用意しておくことが必要である」と記されている。

　基礎的環境整備と合理的配慮の観点からも，その子どもの教育的ニーズを把握するための多様な方法や場を考えることや，その子どもの成長や発達の状況をそのときの支援に反映できるような機会を定期的に，また，必要に応じて持つこと，さらに校内，園内で可能な人的・物的・空間的対応をさまざまな視点から判断し取り入れていくというような姿勢が求められている。これらの理念や対応について，学校長・園長は十分にその意義と価値を理解し，校内・園内での取組を推進する役割を負っている。

2.【コーディネーター】特別支援教育コーディネーター

1）特別支援教育コーディネーターとは

　特別支援教育コーディネーターとは，「教育的支援を行う人・機関を連絡調整するキーパーソン」であり，「今後の特別支援教育の在り方について（最終報告）」（文部科学省，2003）において初めて示された。各学校の校長により，各学校における特別支援教育の推進のため，特別支援教育のコーディネーター的な役割を担う教員として指名された教員で，校務分掌に

明確に位置づけられている。

　特別支援教育コーディネーターは，当初，小・中学校及び盲・聾・養護学校（現在の特別支援学校）で指名や養成が始まったが，現在では，幼稚園，高等学校等も含め，その拡充と充実が進んでいる。また，特別支援教育コーディネーターの役割は多方面・広範囲にわたるため，学校・園の実情に合わせて複数の教員が指名され，その役割を分担・協力して行っているところもある。

2）役割と資質

　学校・園の実情によるが，特別支援教育コーディネーターの役割として次のようなことが挙げられる。

（1）学校内・園内の関係者や関係機関との連絡調整

　①学校内・園内の関係者との連絡調整：校内委員会やケース会議等の開催について，学校内・園内の関係教職員の連絡調整を行う。企画（日程や参加メンバーの選出，調整）や開催準備（必要な資料の整理等），当日の運営（進行・記録）等を含む。

　②個別の教育支援計画及び個別の指導計画の作成のサポート：作成は子どもの担任が行うが，記入にあたっての助言や，学校・園全体としての作成スケジュールの提示や集約，確認，保管等を行う。各様式の決定と記入上の留意点等を示し，日頃の指導や支援につながる計画となるようにする。

　③外部の関係機関との連絡調整：学校・園の手順に従い，連携の必要な外部機関等との連絡調整を行う。

　④保護者に対する相談窓口：特別支援教育に関する学校・園の窓口として保護者の相談にのり，必要に応じて以後の対応につなげる。保護者の不安をできるだけ軽くできるように，的確な情報提示と，カウンセリングマインドによる受け応えを心がける。

（2）学校内・園内教職員への支援

　①日頃の子どもへの関わり方について：各教職員からの相談に応じ，助言または援助等の支援を行う。障害の特性や子どもの理解と対応等に関する専門的知識や実際の子どもへの対応が求められる。

　②進級に関わる相談について：子どもの進級に伴う就学先や進学先に関する相談について，情報を提供したり相談にのったりする。情報の収集や整理，提示の工夫等が求められる。

（3）巡回相談員や専門家チームとの連携

　連絡調整：巡回相談員や専門家チームへの学校・園訪問を要請する際の連絡調整を行う。また，連携に基づいて，個別の教育支援計画・個別の指導計画の評価・改善につなげていく。

（4）学校・園全体の特別支援教育の推進

　①学校・園全体の情報の共有：支援を要する子どもの実態や学校内・園内支援体制につい

て把握・整理し，学校内・園内の教職員で共有・活用できるように工夫する。ICT 活用等も取り入れるようにするとともに，個人情報保護には十分留意する。

②学校内・園内研修の企画・運営：学校内・園内の現状と課題に応じて，必要な研修を企画・運営する。

③学校内・園内リソースのマネジメント：学校・園全体を見渡して人的（特別支援教育支援員等）及び物的（基礎的環境整備等）観点から，学校・園として取り組める合理的配慮について確認・把握し，必要に応じて対応する。

3. 【支援及び支援体制を考える場】校内委員会

1）設置と構成メンバー

校内委員会は，LD 等の発達障害を含めた特別な教育的支援を必要とする幼児児童生徒に対し，幼稚園や小・中・高等学校等において組織的に対応するために設置される委員会である。独立した新規の委員会として設置したり，既存の校内組織（生徒指導部会等）に校内委員会の機能を持たせたりするなど，学校・園の実情を踏まえて設置されている（文部科学省，2017）。

校内委員会は，各学校の規模や実情に応じて，学校としての方針を決め教育支援体制を作るために必要だと校長が判断したメンバーで構成される。たとえば，管理職，特別支援教育コーディネーター，主幹教諭，指導教諭，通級指導教室担当，特別支援学級担任，養護教諭，対象の児童等の学級担任，学年主任などが考えられる。

2）役割と評価

校内委員会の運営は特別支援教育コーディネーターが中心になって行うが，主な役割としては以下の 5 点などがある。

①特別な教育的支援を必要とする子どもの実態把握
②支援内容（合理的配慮も含む）や支援方法の検討
③個別の教育支援計画や個別の指導計画の策定
④教職員への情報提供
⑤家庭や専門機関等との連携

このような校内委員会は，年間を通して計画的・定期的に位置づけられるとともに，その決定事項や情報について学校内・園内の全教職員が理解し，支援を実践する仕組みが必要である。また，これらの支援について，外部の専門家による評価を求めたり保護者からの意見も参考にしながら見直したりすることで，さらに効果的な支援及び支援体制づくりにつなげることが求められる。

具体的な支援を考える場としては，子どもの状況に応じて緊急の対応等を検討したり決定したりする場（ケース会議等）を用意している学校・園も多い。また，進級や進学にあたって，地域の教育委員会が設置する教育支援委員会の開催に合わせ，子どもの教育的ニーズに応える「学びの場」について検討する場（校内教育支援委員会等）もある。対象の子どもの支援に関わる関係者が必要に応じて集まり，直近の情報の整理や具体的で実行可能な支援を

話し合うとともに，支援後にはその支援についての評価も行う。これらの内容は校内委員会に連動させ，子どもに対する支援が適切に引き継がれることが必要である。

4.【支援のメンバー】教職員以外の支援メンバー

チーム学校という観点から，教職員以外の校内支援メンバーとして，特別支援教育支援員，スクールカウンセラー，スクールソーシャルワーカーを取り上げる。いずれも，その役割や専門性を十分に活かすことで，充実した校内支援体制を組むことにつながる。

1）特別支援教育支援員

幼稚園，小・中学校，高等学校において，障害のある児童生徒に対し，食事，排泄，教室の移動補助等，学校における日常生活動作の介助を行ったり，発達障害のある児童生徒に対し学習活動上のサポートを行ったりするため，特別支援教育支援員が配置されている。この配置に必要な経費は，地方財政措置として位置づけられており，自治体によって呼称が異なることもある。2007（平成19）年度には小・中学校で開始，2009（平成21）年度には幼稚園，2011（平成23）年度からは高等学校でも開始している。各自治体においては，特別支援教育支援員が適切な対応ができるようにするための効果的な研修の実施も求められている。

学校の実情に応じて配置された人員を，どのように運用するかによって校内支援の質は大きく左右されるため，管理職，特別支援教育コーディネーター，学級担任などとの連携は不可欠である。子どもへの支援について責任を負っているのは，あくまでも学級担任であり，特別支援教育支援員はその補助をすることが基本であるが，その役割（以下の①〜⑥）は子どもに直接的・具体的支援を行うことであり，子どもにとってもっとも身近な存在でもある（文部科学省，2007b）。そのため，子どもの教育的ニーズに応じて具体的な支援内容は多岐にわたり，緊急の対応を迫られる場面もある。したがって，各学級担任や特別支援教育コーディネーター等と特別支援教育支援員が，どのように連携・協力するのかを個別の教育支援計画等に基づき事前に決めておくことや，行った支援内容や対応について事後に評価して次に活かすことも大切である。

〈特別支援教育支援員の役割〉
①基本的な生活習慣の確立のための日常生活上の支援
②発達障害を含む障害のある児童等に対する学習支援
③学習活動，教室間移動等における支援
④児童等の健康・安全確保
⑤運動会（体育大会），学習発表会，校外学習等の学校行事における支援
⑥周囲の児童等の障害や困難さに対する理解の促進

2）スクールカウンセラー，スクールソーシャルワーカー

スクールカウンセラーは，学校内に勤務しカウンセリングを中心に相談活動を行う職種のことで，学校教育に関する心理の専門家として，近年は特に発達障害のある子どもへの対応も期待されている。児童等へのカウンセリングや困難・ストレスへの対処方法に役立つ教育

プログラムを実施するとともに，児童等への対応について教職員，保護者への専門的な助言や援助，教員のカウンセリング能力等の向上を図る研修を行う。また，専門機関を紹介し支援をつないだり，心理検査の結果を学校側に説明したりすることなども重要な役割になっている。

　ソーシャルワーカーとは，主に社会的弱者への福祉相談業務に従事する福祉の専門家であり，スクールソーシャルワーカーはその中でも教育機関において従事する者のことである。スクールソーシャルワーカーは，福祉の専門家として，課題を抱える子どもが置かれた環境への働きかけや関係機関等とのネットワークの構築，連携・調整，学校内におけるチーム体制の構築・支援等の役割を果たしている。

　校内支援体制を構築するにあたり，学校によってはスクールカウンセラーやスクールソーシャルワーカーが校内委員会の構成メンバーとして位置づけられていたり，ケース会議等で意見を述べたりすることもある。学校全体及び対象の子どもに対して，このような専門性をうまく活用することが大切であるが，スクールカウンセラーやスクールソーシャルワーカーは学校の常勤ではないことも多い。したがって，子どもの情報や支援計画・内容とその実施について，日頃から情報を共有したり役割を分担したりしておくことが必要である。

5.【支援の場】多様な学びの場（通級による指導・特別支援学級）

　通常の学校においても，その教育的ニーズに応じて，通常の学級，通級による指導，特別支援学級といった「多様な学びの場」を利用して学ぶ子どもが増えてきている。これらの場が子どもにとって安心して学べる環境となるように，学校全体の校内支援体制を整えることが大切である。

1）通級による指導

　（詳細は「D-2 学校・園における支援体制Ⅱ：通級による指導」参照）

　通級による指導とは，1993（平成5）年に制度化された特別な指導であり，指導の場は「通級指導教室」等，指導教員は「通級指導担当」と呼ばれる。通級による指導を利用する子どもは，通常の学級に在籍したままで，自立活動や必要に応じて教科の指導に関する特別な指導を週1～3時間程度からおおむね8時間以内で受けることにより，学校生活への適応を高めることを目指している。実際の指導には，自校での通級，他校からの通級，担当者による巡回指導などとさまざまな形態がある。なお，2006（平成18）年からLDやADHDが通級による指導の対象に加わり，2018（平成30）年度には，高等学校における通級による指導の運用が開始されている。

　通級による指導を受ける子どもは，在籍する通常の学級と通級指導教室という2つの場で学ぶ。したがって，指導にあたっては，在籍学級担任が作成する個別の指導計画に，通級による指導における指導内容等も記載したり，在籍学級担任・通級指導教室担当が，随時学習の進捗状況等について情報交換を行ったりするなど，学校における子どもの学習の全体像を担当者間及び校内委員会等学校全体で把握しておくことが必要である。同じ学校の教職員間での子ども理解や支援の不一致は，子どもの混乱を招くことにつながる。

　また，たとえば，子どもの特性に応じた教材や教具などを在籍学級で使用する際には，合理的配慮の観点から，その活用方法や条件などについて話し合い，子どもの不利にならない

ようにすることが必要である。この際，子どもの発達段階に応じて，子ども自身の意見や考えを反映させることも大切にしたい。

2）特別支援学級

　特別支援学級とは，通常の学校での障害のある児童生徒を対象に，障害特性を踏まえた効果的な教育を行う学級のことで，その対象となる障害の種類は，知的障害者，肢体不自由者，病弱者及び身体虚弱者，弱視者，難聴者，言語障害者，自閉症者・情緒障害者の 7 つである。対象となる児童生徒は特別支援学級に在籍し特別の教育課程により学ぶが，子どもによっては交流及び共同学習と位置づけられた時間を，通常の学級でその学級の子どもとともに学ぶこともある。このような場合には，通常の学級と特別支援学級間における交流及び共同学習の目標を共有し確認するために，通常の学級の担任・教科担任との間で密に情報交換を行うとともに，双方にどのような教育的効果があるのかを明らかにした上で臨むことが重要である。

D-3-3　校外のリソースの活用と連携

　校外や園外にも，子どもの支援に関する多くのリソース（資源や人材）がある。これらをうまく活用したり連携を取ったりすることは，校内・園内の支援や支援体制をさらに充実することにつながる。また，医療，保健，福祉，労働等の関係機関の活用は，教育を受けられる期間を終えた子どもやその保護者にとって，その後のリソースとしての価値がさらに増すこととなる。したがって，これらの活用や連携においては，子どもや保護者が主体となって参画できるよう，各リソースが子どもや保護者の選択肢のひとつとして提示されたり，子どもや保護者の意思や思いが尊重されたりしながら進められることが大切である。

1．園・学校間の連携

　園や小学校・中学校・高等学校等の各学校は，お互いにとって，大事な連携先である。また，それまでの子どもの育ちやそこで受けてきた支援の内容及びその評価を知ることや，次の段階における指導・支援のねらいや方向性の見通しを持つことは，「今・ここ」での指導・支援計画を立てるためのもっとも大きな情報源でもある。これらの情報をうまく引き継ぎ活用することは，保護者・園や各学校・教師にとっての大きな安心感となる。そして何より，子ども自身の失敗を減らし，スムーズな園や各学校間の移行につなげるようにすることが大切である。

　2021（令和 3）年にそれまでの「教育支援資料」から改定された「障害のある子供の教育支援の手引き」には，関連資料として「個別の教育支援計画」の参考様式が提示された（文部科学省，2021）。複数の支援機関を引き継いでいく際，様式の統一は情報の共有や的確な引継ぎのために有効である。地域の実情に応じて，これらの様式や活用についても検討の余地があると考える。

2．特別支援学校のセンター的機能

　特別支援学校は，地域における特別支援教育のセンターとして，地域の幼稚園・保育所，

小・中・高等学校の要請に応じて，教育上，特別の支援を必要とする児童等の教育に関し必要な助言または援助を行うように位置づけられている。

　障害のある子どもの中には，就学期における学びの場を，通常の学校から特別支援学校へ，あるいは特別支援学校から通常の学校へと移す子どももいる。このように，特別支援学校は子どもにとっての連続した学びの場であるとともに，障害のある子どもの指導・支援に対して高い専門性を持つ，地域でもっとも身近な相談機関のひとつである。特別支援学校のセンター的機能の具体例の内容としては，以下のようなことが挙げられる（文部科学省，2005）。

　　①小・中学校等の教員への支援機能
　　　　個々の児童生徒の指導に関する助言・相談，個別の教育支援計画の策定にあたっての支援など
　　②特別支援教育等に関する相談・情報提供機能
　　　　地域の小・中学校等に在籍する児童生徒等や保護者への教育相談，幼稚園等における障害のある幼児への教育相談など
　　③障害のある幼児児童生徒への指導・支援機能
　　　　小・中学校の児童生徒を対象とする通級による指導や，いわゆる巡回による指導，就学前の乳児や幼児に対する指導・支援など
　　④福祉，医療，労働などの関係機関等との連絡・調整機能
　　　　個別の教育支援計画の策定の際の福祉，医療，労働などの関係機関等との連絡・調整など
　　⑤小・中学校等の教員に対する研修協力機能
　　⑥障害のある幼児児童生徒への施設設備等の提供機能

3. 巡回相談と専門家チーム

　巡回相談とは，教育委員会担当者または教育委員会から委嘱を受けた専門家が，学校・園からの要請に基づいて直接訪問し，指導助言を行うことをいう。特別支援学校のセンター的機能のひとつとして，地域の学校・園への巡回相談を行うこともある。

　学校内・園内で適切な指導・支援が受けられるように，対象の子どもの様子（生活態度，学習面，行動面，友達関係等）を担任の話や授業参観，子どもの資料（生活や学習の記録，家庭環境，相談歴等）を通して把握し，子どもの理解に関する相談や指導・支援の観点，及びその具体的な対応方法等を専門的な視点で検討する。

　専門家チームとは，教育委員会に設置されている組織であり，教育や心理の専門家，医師，特別支援学級担任や通級指導教室担当者，巡回相談担当者，理学療法士・作業療法士・言語聴覚士などで構成されている。学校・園からの申し出に応じて，子どもの特別な支援の必要性に関する判断を行ったり，支援の内容・方法に関する専門的な助言を行ったりする。また，校内研修の実施や校内支援体制の構築にも協力することが望まれている。

　これらのメンバー構成や設置・運用については，各教育委員会が地域の実情に応じて行っているため，活用の手順や必要な資料等についても事前に確認し準備しておくことが大切である。また，相談対象となる子どもの個別の教育支援計画・個別の指導計画にもその成果が

反映できるようにしていく。

　これらの活用によって専門的な助言を得られたとしても，子どもへの教育的支援の主体は学校・園側にある。各学校・園における合理的配慮に基づいて最適な支援を検討し，子どもへの支援につなげて実践していくことが必要である。

4．地域リソースや他領域・他行政分野との連携

1）医療との連携

　学校・園での教育的ニーズに応じた支援の開始は，診断の有無によって左右されるものではないが，発達障害のある子どもの中には，小児科，児童青年精神科，精神科などの専門医を受診し，薬の処方を受けている子どももいる。また，子どもの行動の理解の仕方，家庭での日頃の接し方などについての助言などを受けている保護者も多い。これらの受診や通院に際し，学校や園での子どもの様子や支援の状況についての客観的な資料を準備することは，医療機関における診療の助けとなり，保護者への支援にもつながる。併せて，薬の服用に関する留意事項や，障害特性に応じた環境調整や対応の仕方などについて医療の専門的な立場からの情報を得て，学校内・園内の支援に活かすことが大切である。

　自分の子どもを発達障害の専門医につなげるとき，さまざまな不安を抱く保護者もいる。医療との連携は，診断を受けることだけが目的ではなく，家庭における子どもの理解や対応のヒントなどについて医学的側面からのアドバイスを得られる機会でもあること，その内容を保護者の了承のもと，学校や園内でも共有して支援につなげることを保護者に伝えて，不安を取り除くような配慮も大切である。学校や園は，地域の専門医についての情報を収集・整理して保護者に提供できるように用意しておくことなども必要である。

2）福祉との連携（児童発達支援，放課後等デイサービス，「トライアングル」プロジェクト）

　児童発達支援と放課後等デイサービスは，発達障害をはじめ障害のある子どもを対象とした通所の支援サービスであり，福祉（厚生労働省）政策のひとつである。

　児童発達支援は，障害のある未就学児を対象に身近な地域で療育や発達支援を行い，放課後等デイサービスは，学校（幼稚園・大学を除く）に就学している障害児を対象に，放課後や長期休業中に発達支援を行う。いずれも，個々の子どものアセスメントに基づき，通所等の状況に応じて作成された児童発達支援計画，放課後等デイサービス計画による発達支援を行うことや，通所している子どもの保護者支援もその役割とされている。これらの療育や訓練等を行う機関と学校・園は，1人の子どもの同じ時期の成長を支え促す立場であることから，それぞれが担う役割についてお互いが理解した上で，子どもの状況や発達支援の内容等の情報交換を行うことが必要である。

　2018（平成30）年に文部科学省と厚生労働省の両省による「家庭と教育と福祉の連携『トライアングル』プロジェクト」報告が出された。支援が必要な子どもやその保護者が，乳幼児期から学齢期，社会参加に至るまで，地域で切れ目なく支援が受けられるよう，家庭と教育と福祉のより一層の連携を推進するための対応策を示したものである。このような国の行政レベル及びその地域における具体的な施策についての情報も，学校・園外の大切なリソースとして，保護者と共有し有効に活用できることが必要である。

3）特別支援連携協議会

　特別支援連携協議会とは，各地で特別支援教育を推進するために必要な部局横断型のネットワークであり，「地域における総合的な教育的支援のために有効な教育，福祉，医療等の関係機関の教育連携を確保するための仕組みで，都道府県行政レベルで部局横断型の組織を設け，各地域の連携協力体制を支援すること等が考えられる」（文部科学省，2003）とされている。なお，都道府県レベルをカバーするもの（広域特別支援連携協議会）と，市区町村レベルで地域ごとにカバーするもの（地域特別支援連携協議会）とに分かれる。

　その役割として，「発達障害を含む障害のある幼児児童生徒に対する教育支援体制整備ガイドライン」（文部科学省，2017）には，次のような例が挙げられている。

> ①相談・支援のための施策についての情報の共有化
> ②相談・支援のための施策の連携の調整や連携方策の検討
> ③相談と支援のための全体計画（マスタープラン）の策定
> ④個別の教育支援計画のモデルの策定
> ⑤相談・支援にかかわる情報の提供
> ⑥支援地域の設定

D-3-4　おわりに

　支援体制の構築とリソースの活用について述べてきたが，実際に子どもの支援をコーディネートするときのポイントについて付記しておきたい。

1．子どもの笑顔や将来につながる支援

　子どもへの支援を考えるとき，支援者や連携先が増えれば子どもの周りにはさまざまな支援が増え，一人の支援者にかかる負担が減ることによって，子どもに対して余裕を持った関わりができるであろう。一方，支援者や連携先が多くなるほど，その子どもが抱える問題の理解の仕方や支援の方針等について，共通の認識を持つことが難しくなる場合も考えられる。このような状態での支援は，支援者間だけでなく，子どもや保護者の混乱を招くことにつながりかねない。

　そのようなときにもっとも大切なことは，その支援の先に子どもの笑顔があるか，子どもを主体とした支援となっているかという視点で，支援全体を捉え直すことである。その上で，子どもや保護者の思いや願い，考えや意見が表明できるような場や機会を用意すること，また，子どもや保護者が自ら選択できるような支援を用意することについても，見直したい。このような柔軟な思考や対応が，支援チームには求められている。

　「今・ここ」での指導・支援が，子どもの笑顔や将来につながることを念頭に置いて，支援にあたっていきたい。

2．情報の収集・活用・管理について

　子どもの支援に関わる施策等は，時代や社会情勢に応じて改定や更新がなされ，それを受けて学校・園内外のリソースやサービスにも変更や変化がある。したがって，多方面の情報

源に関心を寄せ，新しい情報を得て支援の有効活用に努めたい。たとえば，独立行政法人特別支援教育総合研究所のホームページには，特別支援教育関連の新しい情報・研究が豊富に掲載されており，支援者同士の研修にも有効な内容や工夫が施されている。

　学校・園内外の支援者と連携を進めるにあたって，子どもに関する情報の整理や管理などについて，高度な個人情報保護能力や倫理意識が求められることを忘れてはならない。併せて，支援や連携のためには，各種の支援計画の作成や記録，支援者間の情報の共有が必須である。これらの各種資料や文書の作成・更新等に ICT 活用等を図りながら効率的に進めていくことは，今後さらに求められるであろう。

〔引用文献〕

一般社団法人日本 LD 学会（編）（2017）：LD・ADHD 等関連用語集〔第 4 版〕. 日本文化科学社.

厚生労働省（2016）：改正発達障害者支援法.

厚生労働省，文部科学省（2018）：家庭と教育と福祉の連携「トライアングル」プロジェクト（報告）.

文部科学省（2003）：今後の特別支援教育の在り方について（最終報告）.

文部科学省（2005）：特別支援教育を推進するための制度の在り方について（答申）.

文部科学省（2007a）：特別支援教育の推進について（通知）.

文部科学省（2007b）：「特別支援教育支援員」を活用するために.

文部科学省（2012）：共生社会の形成に向けたインクルーシブ教育システム構築のための特別支援教育の推進（報告）.

文部科学省（2015）：チームとしての学校の在り方と今後の改善方策について（答申）. 中央教育審議会.

文部科学省（2017）：発達障害を含む障害のある幼児児童生徒に対する教育支援体制整備ガイドライン.

文部科学省（2021）：障害のある子供の教育支援の手引き.

D-4
保護者との関わりと連携

【概要】.................子どもの支援に不可欠な保護者との連携のあり方，及び連携を図る上で重要である「障害受容のプロセス」について解説する。保護者の心理の共感的理解と意思決定支援，保護者と学校・教師の関係調整など，保護者への支援の実際について述べる。特に，ライフサイクルの中で重要となる就学・進路に関する相談のために必要な「就学の手続き」，進路に関わる情報について解説する。また，保護者への支援におけるペアレントトレーニングの意義，方法などについても紹介する。保護者との連携を図る上で知っておくべき「親の会」についても述べる。

【キーワード】..........障害受容のプロセス／意思決定支援／「就学・進路選択」に関する支援／スクールカウンセラー，スクールソーシャルワーカーとの連携／ペアレントトレーニング

【到達目標と評価】.....①「発達障害」のある子どもの保護者の障害受容のプロセスについて説明できる。
②「発達障害」のある子どもの保護者の支援をする際の基本的態度や意思決定支援について説明できる。
③保護者支援に関連するスクールカウンセラーやスクールソーシャルワーカーとの連携について説明できる。
④「就学の手続き」，進路に関わる情報提供等について説明できる。
⑤ペアレントトレーニングの基本について説明できる。

D-4-1　保護者への対応のあり方

1．基本姿勢

　障害児を持つ保護者は，子どもの発達の遅れの原因が自身の躾（しつけ）等にあり，そのため自分に責任があるとみられることが多いのではないかと思い悩むことが多い。日本社会においては，まだまだ他と異なる人に対して冷たい目で見る文化的な風潮がみられる。家族や親戚においても，障害を受容できずに保護者の対応の問題と考える場合もある。

　発達障害に関しては脳の機能障害が原因であることがわかってきている。認知処理過程においての発達の遅れや，得意不得意の差が大きいことにより，家庭で見られる言動について保護者として理解に苦しむこともあるだろう。

　子どもの発達には，遺伝も関係するが，環境の影響も大きい。そして，環境は変えられるものであり，保護者の果たす役割が大きい。保護者の養育態度や養育環境を整えていくことは，子どもの発達に大きな影響を与える。すべての保護者が養育環境を最善のものに整えることはできないとしても，子どもを可愛いと思う気持ちを素直に表現し，子どもの発達を願う保護者に変わることは可能である。そのためにも，保護者を受容し，保護者の気持ちを理

解しようと努力する共感的理解を示す支援者が必要である。この共感的理解が，保護者支援の基本となる。なお，保護者自身に発達障害がある場合もあり，将来を見通した育児や養育が難しい場合があることに支援者は注意しなければいけない。

2．保護者の役割への正しい理解

保護者の役割は，子どもを守り，育てることである。両親が揃っている場合は，それぞれの得意分野を活かし，不得意分野を互いにフォローしながら子育てできるように，支援者がアドバイスすることが理想と考える。ひとり親の場合には，すべての対応を一人で行うため負担が大きいことを支援者側が理解し，保護者の苦手なところをフォローできる人や機関を紹介することも必要になる。

子どもの成長とともに保護者も成長していく。保護者の個性を理解して，子どもの発達を促すために支援者が連携し，保護者を支援していくことが必要である。

D-4-2　ライフステージの中での保護者心理の理解

保護者の心理は子どものライフステージによって変遷していく。子どもの年齢に応じて社会から要求されることが変化するからである。ここであえて年齢と書いたのは，子どもの発達状態に合わせた要求ではなく，年齢に応じた一般的と思われる要求を社会からされることが多いからである。

ここでは，定型発達の道筋を確認し，その上で発達障害を中心に，障害があるゆえに起こりうる子どもの問題行動などへの対応に苦しむ保護者の心理状態について考える。以降，1. 乳幼児期，2. 学齢期，3. 青年期，4. 成人期のライフステージに分けて述べていくが，成人期については，保護者の心理だけではなく，発達障害のある本人が悩むことについても触れておく。

各ステージでは，保護者が障害を受容するときの注意点も述べる。子どもが小さい時期ほど，保護者は育児書や SNS の情報に頼る傾向があり，育児書どおりでない発達傾向のある子どもに対する保護者の不安は大きい。支援者は，このような保護者の不安を理解する上でも定型発達の道筋について正しく知っておくことが重要である。就学支援や就労支援については D-4-4（p.49）に述べる。

1．乳幼児期

1）誕生から 10 カ月

赤ちゃん誕生の瞬間，ましてや初めての子どもの誕生は，保護者にとってうれしさがこみ上げてくる瞬間である。しかし，最初は 2 時間おきの授乳や，睡眠・覚醒のリズムが確立されていないために，養育に対して疲れを感じる時期でもある。1 カ月健診は，子どもの身体的な健診とともに，母親の精神的な問題にも対応する。

4 カ月くらいになると，多くの子どもに 1 日の睡眠・覚醒のリズムができてくる。首がすわり，腹臥位で首を上げることができるようになり，「アー」「ウー」とさまざまなトーンの声を発することもできるようになる。じっと親の顔を見たり，あやすと笑ったりし，音や呼びかけに顔を動かしたり表情が変化したりする時期である。

　一方，発達障害の中でも自閉スペクトラム症（ASD）の子どもたちは，この頃，眠りが浅く夜泣きが多いことがあり，そのために保護者が対応に困っている場合がある。また，非常によく眠る場合もあり，保護者からの働きかけが少なくなってしまう子どももいる。子どもが第2子であれば，上の子どもとの違いに気づいて相談をする保護者もいるが，相談された医師や支援者が，「様子を見ましょう」と言うことも多い。この場合，次の面接の機会を約束し，発達の様子を確認する必要がある。

2）1歳前後──1歳6カ月児健診の頃

　10カ月から1歳を過ぎた頃に，立位ができるようになり，運動面で大きな発達がみられる。微細な運動（指先の運動）も，小さな物をつまむことができるようになり，それを口に入れるため注意が必要な時期である。言語面でも，喃語が出るようになり発声が活発になる。そして，1歳頃に決まったものに決まった発語をする初語が出る。食事も離乳食が始まり，1日3食の食事に移行する時期である。

　1歳6カ月児健診の頃には，身体的な発達（乳児体型から幼児体型）とともに，非言語的なコミュニケーションの習得が進む。乳歯が生えてくるので食事に関しても変化する。しかし，ASDのある子どもを育てる保護者は，感覚過敏との関連もあり，離乳食への移行や食事に関して苦労することが多い。また，注意欠如・多動症（ADHD）のある子どもでは，座って食事を取ることが困難な場合がある。この頃の子どもたちは定型発達でも動きは多いが，ADHDの子どもは行動コントロールの面での対応が難しく，保護者は過度に叱責・注意をするか，諦めて放任するか，どちらかの対応しかないと思い込んでしまう場合がある。また，ASDやADHDなどの発達障害があるとき，初語や二語文が遅れていることもあり，保護者はことばの発達についても心配している。1歳6カ月児健診で，育児の悩みについて，どのくらい聞く時間が取れるのかが重要である。虐待につながる保護者の対応をくい止めるには，この頃から育児状況を把握し対応していくことが大切であろう。

3）2歳から3歳──3歳児健診の頃

　3歳児健診の頃になると，発達に社会的変化が見られる。子ども同士やその子どもの親など家族以外の人間と関わることができるようになる。ことばを使ってコミュニケーションを図ることができるようになり，してはいけないことや褒められることを理解できる。自我の意識が出てくるので，自分と他人を区別するようになり，所有の意識が出てくる。好みのおもちゃを欲しがったり，外出したいと言ったりするなど，社会的欲求が出てくる。また，好き嫌いがはっきりし，それを主張するようにもなる。一般的に，この時期の前後に3歳児の反抗が見られ，保護者は子育てに悩む時期でもある。

　この頃，ADHDのある子どもは，迷子になる経験をすることが多い。興味のあるものに突進していくことで，保護者から離れて迷子になるので，子どもを連れての外出に不安を感じる保護者も多くなる。一方，ASDのある子どもは，こだわりのあるものに対しての泣き叫びが強くなる。泣き方がひどいことで，保護者も対応に困り，過度に注意をするか，欲しい物を買い与える，言いなりになるなどでその場を収めようとするなど，両極端な対応になることが多い。保護者としては，どう対応すればよいのかを悩む時期である。

4）4歳から5歳──5歳児健診

　近年，5歳児健診を行う自治体が増えてきている。発達障害の子どもたちの早期発見を考えるならば，5歳頃の健診で気づいて早期に支援していくことにより，就学後の問題の軽減が期待される。

　4・5歳になると90%以上が，幼稚園や保育所に在籍しており，家庭以外の場での社会生活が始まっている。身長はおおむね100cmを超え，歯は乳歯が20本すべて揃う。粗大運動では，走る・跳ぶ・ケンケンをする・階段昇降は足を交互に出して行う等の動作が可能になる。微細運動ではおおむね手の第3指（中指）までが分離しており，ボタンを留める・はずす，ジッパーを上げる・下ろす，箸を使うなどの動作が可能になる。精神発達面では，会話が流暢になり抽象語が増加し，こそあどことばなども使えるようになる。幼稚園や保育所のクラス名や担任の先生の名前等も言えるようになる。一日の生活リズムも安定してくる。

　発達障害のある子どもは，幼稚園や保育所に入園しても，集団行動になじめず，いろいろな問題行動を起こし，園などからの連絡が増える場合もある。友達とトラブルになると，保護者として常に謝らなければいけないという気持ちになる。幼稚園の送り迎え等では，他の保護者との会話も消極的になり，保護者のグループから外れていくことも起こる。また，保育所に通っている子どもの場合は，基本的生活習慣が身についていないことを指摘されると，保護者の躾や養育態度などを批判されているように感じる保護者もいる。

2. 学齢期

1）小学校低学年

　幼児期の遊びを中心とした生活から，小学校での授業を中心とした学校生活への切り替えは，子どもたちにとって大きな変化である。第1子の場合は，保護者も小学校入学が初めての経験であり不安もあるが，子どもへの期待が高まる。また，子どものできることが増えると，保護者は子どもに任せることも多くなる。その一方で，できているはずと思いこんだり，関心を払わなくなったりすることも増えてくる。

　石川（2016）は，この時期の子どもの発達について「幼児期に比べ運動能力が格段に進み，走る・投げる等の運動がなめらかに動けるようになる。微細運動も発達し，文字を書いたり，絵も細かいところまで描いたりできるようになる。認知の発達も，自己中心性から少しずつ脱却し，見た目に左右されず，複数の視点から考えられるようになる。話し言葉だけではなく，書き言葉の発達も飛躍的に進み，耳から入る言葉や書かれた言葉による思考が可能となる。友達との関わりも増え，クラスという集団の中で，共に考えたり動いたりできるようになり，一緒に行動することもできるようになる。基本的生活習慣の形成など，身の回りのことができたり，持ち物を準備することができたりと自立も進む。」と述べている。

　一般に小学校1年生の時期は，「小1プロブレム」への対応が必要である。入学したが学校生活に適応できず問題行動を起こす子どもの中には，発達障害を疑われる子どもも含まれていると推定される。ADHDやASDのある子どもは，落ち着かず集団行動ができないなどの問題を教員から指摘されることもあり，家庭での行動との違いを感じる保護者も多い。読み書きの習得の困難や，算数学習の困難などの問題が明らかになるのも小学校入学後である。保護者は，学習面の習得が一番の課題であると考えることが多く，家庭学習での厳しい指導などにより親子関係が悪化することもある。担任の指導不足などを訴えたり，学校側に課題

のある保護者として認識されるような行動をしたりする保護者も現れてくるが，不安から起きる言動である可能性も考える必要がある。

2）小学校中学年

　小学校 3・4 年生の子どもは，幼児体型から全体的に均整のとれた身体となり，運動能力が飛躍的に発達する。とりわけチーム力が試される仲間で取り組むスポーツや，ルールや規制のあるゲーム性のあるスポーツを好む。認知や思考能力の発達は，「機械的思考」（直観的思考）から「操作的思考」（具体的思考）と大きく変化する。社会性の発達では自己中心性から脱自己中心性への成長が見られる。子どもたちの活動は，低学年のペア活動からグループ活動へ移行し，他者を受容することができるようになる。

　中学年になると，発達障害のある子どもはグループ活動への参加が難しかったり，こだわりやルール理解が悪いことから，ゲーム性のある運動にも参加できなかったりする様子がみられる。授業参観時やスポーツ大会等で，我が子がグループに入れない様子を目にすると，クラスで排斥されていると悩む保護者もいる。また，学習面でのつまずきが明らかになる子どももいる。この時期は，学習，社会性，運動等の面でのつまずきや自己不全感から不登校につながることもあり，保護者としては子どもへの対応に悩むことが多い。

3）小学校高学年

　小学校 5・6 年生では，思春期に入ることと，認知面が大きく変わる時期であることに注意が必要である。思春期は，身体の成長，第二次性徴と大きく関わり，個人差も大きい。急激な身体的変化は，子どもに不安や戸惑い，葛藤やイライラなどの心理的な変化をもたらす。それまでの安定した心身の状態からの急激な変化により，自分とは何か，自分はどういう人間なのか，他人にどのように見られているか等，「自己」について考えたり，「生と死」について考えたりする子どもも多い。認知的な変化においては，「具体的操作の段階」から，「形式的操作の段階」への移行の段階である。「形式的操作の段階」とは，文字（言語）や記号を使って論理的思考や抽象的思考が可能となる段階のことである。

　保護者は，ある能力（教科）では成績も良いのに，社会性において幼いことを感じたり，成績が落ちたことを心配したりする。不登校やいじめなど二次的な問題が起きやすく，子どもとともに保護者も不安定になることが多い。特に ASD のある子どもはこだわりも強く，生活面での自立に困難を示す子どもも多い。睡眠に関する問題，ゲーム依存等，さまざまな問題が保護者を悩ませる。

3.　青年期

1）中学校

　中学校段階は，心身ともに大きく成長する思春期の時期である。小学校高学年から子どもたちの発達の個人差が目立つようになるが，特に中学校段階は自我意識が高まるとともに個性が多様化してくる。生徒の能力・適性，興味・関心等の多様化が一層進展するとともに，内面的な成熟へと進み，性的にも成熟する。また，知的な面では抽象的，論理的思考が発達するとともに社会性なども発達する。子どもにとっては保護者からの自立の時期であり，保護者にとっては，子どもに関心を持ちながらも，過干渉や過保護を避けなければいけない時

期である。

　身体的な成熟は見られるが，内面的な成熟が伴いにくい発達障害のある子どもの場合は，成長のアンバランスが問題行動につながることが多い。さらに，不登校やひきこもり等の二次的な問題を起こしやすくなる。ゲーム依存なども保護者がコントロールをすることが難しくなる。さまざまな問題に対する保護者の関わり方によっては，家庭内暴力が起きることもある。子どもの中学校時代には，保護者自身が対応に迷い，精神的な病気に陥る場合もある。この時期になって初めて相談機関につながることもある。

2）高等学校

　高等学校段階は，身体・生理面はもちろん，心身の全面にわたる発達が急激に進む時期である。自らのあり方や生き方を考え，将来の進路を選択する能力を身につけるとともに，社会についての認識を含め，興味・関心等に応じ将来の学問や職業の専門分野の基礎・基本の学習によって，個性の一層の伸長と自律を図ることが求められる。

　発達障害のある生徒及び保護者は，高等学校は義務教育ではないということを理解しなければいけない。周囲の大人は，各教科の出席時数や到達基準を満たしていなければ単位取得ができず，進級や卒業ができないことを，本人に理解できるように説明し支援することが必要である。保護者も，高校生になったからと子ども任せにしてしまうと，学年末や卒業年度になって慌てることになる。また，逆に大学や就職等の進路に対しては，子どもが自分で決めることはできないと保護者が思い込み，過干渉になることにも注意しなければいけない。

4．成人期

　自分は発達障害でないかと悩み，成人期になって通院し，診断される場合も少なくない。学生時代や就職してからの失敗が，自分の特徴を知ることで納得できる場合もある。しかし，成人になって気づく場合は，保護者にとっても理解できないことが多く，本人が孤立することもあるので注意が必要である。

　大学や就職先でのサポートも必要となる。いつまでも保護者が出向くのはおかしいと迷うことも多いが，保護者が支援者と連絡を取ったり，学生相談室と連絡を取ったりすることが必要なケースもある。保護者が，子どもの苦手なところを理解できているかいないかは重要なポイントである。「社会人としてやっていけるか」「病院で自分の病状を話すことができるか」「給料で自分の生活設計を立てることができるか」「結婚生活はできるか」等，保護者の心配はつきない。

D-4-3　保護者の障害受容

1．障害受容とは

　保護者の障害受容は，我が子に障害があることを受け止めるだけでなく，そのことが子どもの養育に反映されることも重要である。

　一般的に障害受容は，5つに分かれた段階的な過程で進む（Drotar et al., 1975）。

- ショック期：周囲から，障害があるのではないかと言われショックを受けている時期ではあるが，治療を続けていけば回復または軽減するだろうと思う時期である。
- 否認期：「我が子には障害はない」と思うなど，障害があることを打ち消す拒否の適応機制が働く時期である。
- 混乱期（悲しみと怒り）：障害の告知（診断）を受け否認することができず，周囲のせいにしたり，自分を責めたりといった適応機制が働くことが多い段階である。他人を攻撃したり，攻撃を自分に向けることで自分が悪いと悲観し，抑うつ症状が出たり，場合によっては自殺や親子心中を考えたりすることもある。
- 適応（適応への努力期）：障害があってもできることがあることに気づく（価値の転換）等，前向きな努力を我が子のためにする時期である。障害のある子の親との交流や親の会への参加，研修会への参加，書籍を購入して読む等，新たな状況で我が子のために学習をする時期である。
- 再起：適応への努力期を経て，我が子の障害を受容する。発達障害の子を持つ保護者は，我が子の長所・短所（できること・適切な支援や努力でできること・努力をしてもできないこと・できないこと）を理解し，子どもの個性として受け止めることができる時期である。

　「発達障害において，障害は必ずしも固定しているのではなく，成長や環境などの変化によって障害あるいは個性になりうる。子どもの発達支援のためにはこのような考え方を保護者と支援者で共有することが大切であろう。」と，中田（2018）は述べている。支援者は保護者が障害受容のどの段階にあるのか考えた上で，保護者に寄り添いながら適切な支援のあり方を考えていくことが必要である。

2. 環境的要因の影響

　障害受容は，本人や保護者だけの問題だけではない。保護者を取り巻く家族や親戚の態度や考え方，あるいは，本人や保護者を取り巻く環境的要因（社会の姿）が大きく影響を及ぼし，障害受容の妨げになることもある。

　保護者の両親やきょうだいに理解がない場合，悩む保護者は多く，障害を受容することを拒否したり，厳しい躾をしたりすることで何とかしたいと思うこともある。また，社会の目が保護者の躾が悪いと見るために，友人に相談したり，悩みごとを話したりできず，家庭内に閉じこもったり，周囲に攻撃的になってしまったりすることもある。

　支援者は保護者の置かれている環境についても考えを巡らし，保護者を孤立させることなく，保護者支援，家族支援の方法を見つけていく必要がある。

D-4-4　就学支援・就労支援

　小・中学校の就学は，地方公共団体の自治事務とされ，市町村の教育委員会が行うこととされている。市町村の教育委員会は，小学校または中学校に就学すべき子ども（就学予定者）の保護者に対し，翌学年の初め（4月）から1月末日までに，小学校，中学校または義務教育学校の入学期日を通知しなければならない（学校教育法施行令第5条第1項）。市町村教

育委員会の判断により，就学すべき学校の指定に先立ち，あらかじめ保護者の意見を聴取することもできることになっている（学校教育法施行規則第32条第1項）。

1. 障害のある子の就学支援のあり方について

1）義務教育（小学校・中学校）の就学支援

　障害のある子どもの就学先としては，通常の学級・特別支援学級・特別支援学校が考えられ，早い時期からの適切な相談体制整備が重要である。適切な就学支援につなげるためには就学だけではなく，個別の教育支援計画を策定する等により，その子どもにとってどのような支援が必要かを長いスパンで考える相談体制の整備が求められる。

　ライフステージを通した相談・支援については，移行期の支援が重要であり，支援のつながりが途切れないよう関係者の連携強化が必要である。また，どの時期に誰が責任を持って担当するのか，窓口の一本化等は必要か等の検討を行う。

　子どもによっては就学支援委員会等の判断と異なる就学をする場合もある。異なる就学をした場合は，ある程度経過した上で，保護者との相談も踏まえ継続的な就学支援を行うことが重要である。

2）進路指導（高等学校・専修学校・大学）

　発達障害のある子どもの中には，学業面での成績がよく，高校を受験することができる能力を持っている子どもも多い。自己の生き方や自己の希望等を考える機会としての進路指導を行い，生徒には学力試験の結果だけで進路を安易に選択させることのないように注意すべきである。また，保護者においては，進路先のアドバイスは重要であるが，子どもの全体的な能力を見極め，子ども自らが進路先を決めるように支援することが望ましい。進路指導では，意思決定支援が重要となる。高等学校から専修学校や大学への進路においても同様であり，進路指導を，子どもがなぜ専修学校や大学に進みたいのか考えさせる機会にすることが望ましい。

2. 就労支援

　高等学校卒業後に就職を希望する生徒に対しては，学校とハローワーク（公共職業安定所）が連携を取りつつ，職業紹介や希望する事業所へ生徒を推薦する。教育機関と就労に関わる機関の連携が必要である。また，専修学校や大学卒業後の就職についても，本人や保護者の障害受容の状態によって，福祉サービスを受けていくことが必要なケースも見られる。

　就労支援については「C-8 社会的自立・就労の指導」にまとめられているので，ここでは簡単に紹介する。

1）就労支援とは

　就労支援とは，国が進める雇用政策のひとつで，障害者が就職に必要な知識，能力を身につけるトレーニングを提供していくことである。就労支援は「就労を通じた自立」を目的とし，「就職すること」を目的にしている就職支援とは異なることに注意しておきたい。

　「障害の有無によらず，すべての国民が基本的人権を持つ個人として尊厳を尊重され，ともに生きる社会を実現することのために障害者が地域社会で，日常生活や社会生活を営むた

めの支援を受けることができること」などを基本理念としている障害者総合支援法（厚生労働省，2012）の福祉サービスのひとつとして就労支援がある。就労支援には，就労を希望する障害者を対象に，就職するための支援を目標としている「就労移行支援」と，就職困難な障害者を対象に働く場の提供を目的にしている「就労継続支援」がある。

2) 障害者手帳について

　障害者手帳は，身体障害者手帳，療育手帳，精神障害者保健福祉手帳の 3 種の手帳を総称した一般的な呼称である。

　発達障害者の中には，精神障害者保健福祉手帳や療育手帳を取得して，障害者雇用枠（企業が障害者を雇用するために設けられた枠）で就労する人もいる。

　このような障害者手帳や障害者雇用枠についても，支援者側としては理解しておく必要がある。場合によっては，本人や保護者に市町村の障害福祉課等の担当窓口を紹介することも必要である。

3) 発達障害者の就労支援

　発達障害のある人が利用できる相談機関や事務所は以下のようなものがある（詳しくはⅡ巻「C-8 社会的自立・就労の指導」を参照）。

- ハローワークにおける職業相談・職業紹介。
- 障害者トライアル雇用事業：障害者を一定期間（原則 3 カ月）試行雇用することにより，適性や能力を見極め，求職者と事業主の相互理解を深めることで，継続雇用への移行のきっかけとすることを目的にしている。
- 地域障害者職業センターにおける職業リハビリテーション：ハローワークと連携の上，地域障害者職業センターにおいて，職業評価，職業準備支援，職業適応支援等の専門的な各種職業リハビリテーションを実施している。
- ジョブコーチ支援：障害者の職場適応を容易にするため，職場にジョブコーチを派遣し，きめ細やかな人的支援を行っている。
- 障害者就業・生活支援センター：雇用，保健，福祉，教育等の地域の関係機関ネットワークを形成し，障害者の身近な地域において就業面及び生活面における一体的な相談・支援を行っている。

D-4-5　保護者支援における連携

　年齢が幼ければ幼いほど，保護者が子どもに与える影響は大きい。また，障害受容の状況によっては子どもが二次的な問題を起こすこともあり，保護者を支援していくことは，子どもの支援とともに大切なことである。子どもを育てる時期に大切なことは，保護者自身が相談できる支援者を持つことである。

1．保護者への支援内容

1）ペアレントトレーニング

　2016（平成28）年の発達障害者支援法の改正では，家族支援がより強く打ち出された。厚生労働省も発達障害者の支援体制整備の中で，発達障害者及び家族等支援事業（都道府県，市区町村）に家族のスキル向上支援としてペアレントプログラム・ペアレントトレーニングの実施を挙げている。ペアレントトレーニングとは，「広義には親が子どもの躾のために訓練を受けることであるが，狭義には発達障害のある子をもつ親が，子どものさまざまな行動上の問題に対処するためにトレーナーからシリーズで訓練を受ける」ことを指している（上野・作業療法チーム，2021）。

　周囲の大人が，子どもに適切な体験を保証することが早期療育の目的であり，その体験を子どもの中に成功体験として定着させるために，大人が対応を変えることが大切である。ペアレントトレーニングでは，子どもの行動を，①好ましい行動（できていて増やしたいこと），②好ましくない行動（できればやめてほしいこと），③危険な行動（すぐやめるべきこと）の3つに分けて分析することが一般的である。

　ペアレントトレーニングで子どもの行動を観察し，行動の理由を考えるためのひとつの方法として用いるのが「応用行動分析」である。ある行動（Behavior）を起こすには，きっかけとなる状況（Antecedent stimulus）があり，その結果生まれる状況（Consequent stimulus）がある。その行動の法則性は，障害があってもなくても同じである。この法則性に基づいて分析するので「ABC分析」という。

　環境を整えることで，子どもの行動をその場に合った適切な行動に変えることができれば，それは子どもにとって過ごしやすい環境になり，成長や発達を促すことになる。子どもの視点に立って，保護者が環境を整えることができるようになることがペアレントトレーニングの重要な目的である。

2）親の会

　親の会は，同じような特徴のある子どもを持つ親が集まって，いろいろな支援や情報共有を行うことを目的に運営されている。親の会に参加する保護者は，同じような悩みを持つ親と話し合うことや，先輩の親からアドバイスをもらうことで，自分だけが悩んでいるのではない，対応を変えれば子どもが楽に生きられるようになると思えるようになる。また，親の会は子どもたちが自立を目指して豊かな社会生活を送るために，最新情報を収集し，関係機関との連携や福祉の増進に力を入れていく組織である。

2．保育及び教育機関における連携

　保育や教育を受けている期間は，保育士や教師をはじめ，多くの支援者が関わる。そのため，支援者同士が連携を取り，一貫した方針で支援を行うことが必要である。

1）幼稚園・保育所

　幼稚園や保育所ではチーム支援が必要とされる。特に保護者に対しては，一緒に子どもを育てていこうとする姿勢が重要である。保護者の支えになることばは，「今まで大変でした

ね。これからは，一緒に考えていきましょう」等であり，これらのねぎらいとともに一緒に育てていきたいという気持ちが伝わることが大切である。

2）小学校・中学校及び高等学校

　学校では集団生活で不適応を起こす場合があり，保護者の中には，学校からの呼び出しに苦痛を感じる人もいたり，学校の対応が悪いと文句を言ったりする人もいる。このような場合には，保護者の心情を十分に理解して対応にあたる必要がある。通常の学校には，担任の他に，特別支援教育コーディネーターを中心に，発達障害のある子どもと関わる教員がおり，スクールカウンセラーやスクールソーシャルワーカー，巡回相談員などが，対応にあたることもある。これらの関係者がチームを組んで，子どもの支援とともに保護者支援も担っていく。

　スクールカウンセラーは，教育機関において心理相談業務に従事する心理職の専門家である。1995（平成7）年より文部省（当時）が事業として取り組み，公立中学校を中心に多くの学校に配置されている。心理的ケアを中心に教育相談活動の充実が図られている。

　スクールソーシャルワーカーは，児童生徒が学校や日常生活で直面する苦しみや悩みについて，児童生徒の社会環境を構成する家族や友人，学校，地域に働きかけ，福祉的なアプローチによって解決を支援する専門職である。2008（平成20）年度より文部科学省が「スクールソーシャルワーカー活用事業」を開始している。

　これらの専門家をつなぐのも，特別支援教育コーディネーターの重要な役割である。

3）大学及び専門学校等

　大学等では，相談室を設置し，本人及び保護者への相談・対応を行うことも増えている。学生の中には医療及び専門機関との連携が必要なケースもあり，支援者が学校の中でパイプ役となる必要がある。

3. 家族支援のための連携

　本人や保護者の支援とともに，きょうだいへも支援することが大切である。きょうだいがいる家庭では，障害のある子が上であれ下であれ，きょうだいに影響を与えることが多く，心理的な問題が生じるきょうだいもいることに注意が必要である。また，きょうだいともに障害があることもあり，きょうだいの関係者とも連携を図り，支えていくことが重要である。この際もチームでの支援が必要である。

　さらに，保護者自身に発達障害や精神疾患がある場合もあり，対応については，医師や他機関の専門家とも連携を取ることが大切である。

　発達障害のある当事者の支援とともに，家族全体を視野に入れた支援が望まれる。

〔引用文献〕

　　Drotar, D., Baskiewicz, A., Irvin, N., et al.（1975）:The adaptation of parents to the birth of
　　　　an infant with a congenital malformation : A hypothetical model. Pediatrics, 56, 710-
　　　　717.

　　石川洋子（2016）:この時期の子どもの発達と援助（特集 小学一・二年生の家庭教育）. 児童心理, 70
　　　　(7), 11-17.

厚生労働省（2012）：障害者の日常生活及び社会生活を総合的に支援するための法律（障害者総合支援法）．

文部省（1953）：学校教育法施行令．政令第 340 号．

中田洋二郎（2018）：発達障害のある子と家族の支援．学研プラス．

上野良樹，作業療法チーム（2021）：発達障害の早期療育とペアレント・トレーニング．ぶどう社．

〔参考文献〕

秋田喜代美（2016）：一・二年生の家庭教育に求められるもの．児童心理，70（7），1-10．

青木省三，塚本千秋（編）（2013）：特別企画 成人期の発達障害．こころの科学 171．

平岩幹男（2019）：乳幼児健診ハンドブック．診断と治療社．

一般社団法人日本 LD 学会（編）（2016）：発達障害事典．丸善出版．

一般社団法人日本 LD 学会（編）（2017）：LD・ADHD 等関連用語集 第 4 版．日本文化科学社．

厚生労働省（2016）：発達障害者支援法の一部を改正する法律．

文部科学省（2018）：小学校学習指導要領（平成 29 年告示）．東洋館出版．

文部科学省（2018）：中学校学習指導要領（平成 29 年告示）解説．東山書房．

文部科学省（2018）：特別支援学校教育要領・学習指導要領解説 総則編（幼稚部・小学部・中学部）．開隆堂．

文部科学省（2018）：特別支援学校教育要領・学習指導要領解説 自立活動編（幼稚部・小学部・中学部）．開隆堂．

文部科学省（2019）：高等学校学習指導要領（平成 30 年告示）解説．東洋館出版．

文部科学省（n.d.）学校教育法施行規則 第 32 条 第 1 項．

奈須正裕（2016）：小一プロブレムの先に見えてきた，保幼小連携の新たな課題．児童心理，70（7），17-22．

櫻井茂男（2016）：三・四年生の子どもの発達課題．児童心理 6 月号臨時増刊，1024，11-17．

庄司一子（2016）：五・六年生の家庭教育に求められるもの．児童心理 10 月号臨時増刊，1030，1-11．

洲鎌盛一（2013）：乳幼児の発達障害診療マニュアル．医学書院．

高橋孝雄（2018）：小児科医のぼくが伝えたい最高の子育て．マガジンハウス．

特別支援教育士資格認定協会（編）（2020）：特集 保護者と教師との関係づくり．LD, ADHD & ASD 21（4 月号）．

特定非営利活動法人アスペ・エルデの会（2018）：巡回支援専門員による効果的な子育て支援プログラムに関する調査とその普及（厚生労働省平成 29 年度障害者総合福祉推進事業報告書）．

山登敬之（編）（2014）：特別企画 思春期の"悩み以上，病気未満"．こころの科学 175．

全国 LD 親の会（編）安住ゆう子（監修）（2021）：発達が気になる子の子育てモヤモヤ解消ヒントブック―生活の基礎作り編．かもがわ出版．

全国 LD 親の会（編）安住ゆう子（監修）（2022）：発達が気になる子の子育てモヤモヤ解消ヒントブック―集団の生活編．かもがわ出版．

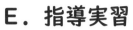

E．指導実習

E-1
指導実習

【概要】.....................（実習の事前学習）幼児・小学生・中学生・高校生等の通常の学級や通級による指導の事例，専門機関との連携が必要な事例などを紹介する。

（指導実習）指導実習の目的は，実際の事例の検討を通じて，「発達障害」のアセスメントの総合的解釈から指導に至る過程を経験し，その実践的な力を高めることにある。受講者は，実習で提示される子どもの事例について，学習や行動のつまずきの原因と子どもの発達特性を分析し，教育的支援が必要な領域とその具体的内容について検討する。特に，学習面の支援を重視する。検討をもとに，個別の指導計画を作成し，通常の学級をはじめとするさまざまな場面で計画をどう実現していくかを考える。指導の計画と展開については，①通常の学級における配慮・支援の実際，②個別支援の場での指導内容と方法等を中心に，受講者同士でのディスカッションを含めながら，実践的な学習を図る。

【キーワード】............（実習の事前学習）実態把握／主訴／家庭の状況／生育歴・教育歴／学級の状況・学級での様子／学力／行動・社会性／言語・コミュニケーション／運動・基本的生活習慣／身体・医学面／興味・強み／校内体制／諸検査結果／総合的判断／支援の方針／具体的な支援

（指導実習）事例検討／アセスメントの総合的解釈／障害特性／学習の支援／個別の指導計画／指導教材

【到達目標】..............①事例に関するアセスメントから，子どもの発達特性とつまずきの要因を読み取り，支援が必要な領域と支援内容を具体的に挙げることができる。

②子どもの学習や行動のつまずきと，それに対応する指導の方法・内容・教材等を具体的に説明できる。

③事例に関する個別の指導計画を作成できる。

Ⅰ 実習の事前学習（事例）

事例は，すべて発達障害によく見られる状態を想定して編集した架空のものである。

E-1-1　衝動性が高く行動の切り替えが苦手な年長男子A

Aは幼稚園の年長クラスに在籍している。多動傾向が強く，衝動的な行動を取って他児とトラブルになることがある。夢中になると行動を切り替えることが難しくなるため，集団での活動から逸脱することが多い。手先が不器用なため，衣類の着脱に時間がかかったり，造形活動が苦手だったりする。

1. 実態把握

1）家族構成・家族状況

父親，母親，姉（8歳），本児の4人家族である。

2）生育歴・教育歴

生下時体重 3,080g，満期産。正常分娩にて出生。

運動面の発達は，定頸4カ月，座位6カ月，始歩1歳1カ月で標準の発達経過であった。歩き始めるとよく動き回り目が離せなくなった。母親によると長女と比較して動きが激しいため，男の子と女の子では活発さにこうも違いがあるのかと驚いたとのことだった。2歳6カ月の外出時に，母親が目を離した隙に，乗っていた軽量ベビーカーの座面に立ち上がり，ベビーカーごと転倒し頭を打ったことがあった。

言語面の発達は，始語は1歳3カ月で「マンマ」（食べ物の意），その後の語彙の広がりは年齢相応であった。

社会性の面では，はいはいができるようになると母親の後追いが始まり，3歳以前には人見知りも見られた。一方，多動で目が離せず，自宅近くの大型スーパーに行ったときなどは，気になるものがあると母親から離れて1人で歩いて行ってしまい迷子になることがあった。自分から離れたものの，途中で母親が近くにいないことに気づくと必ず大泣きをした。

1歳6カ月児健診，3歳児健診ともに特別な指摘はなかった。

3）幼稚園の状況・クラスでの様子

3年保育の私立幼稚園に入園し，現在5歳児クラス（年長児クラス）に在籍している。クラスは21人在籍し，担任は着任5年目の女性教諭である。

4）学力

就学前のため，正確な学力の測定には至っていないが，ひらがなの読みは習得しており，ひらがな表記の絵本などは自分で読んで楽しむことができている。数は，母親によるとお風呂で湯舟に入るときに100まで唱えることができるとのことである。日常の行動観察から10以下の数概念は理解していると思われる。

5）行動・社会性

多動で衝動性が高く，園外保育のときに，道路の反対側にいた猫に気を取られ道路を横切ろうとして自動車にぶつかりそうになったことがあった。言語による指示は理解できるが，衝動的な行動を取るため，指示を守れないことがある。園外保育では危険防止のため加配の保育者を同行させている。

手洗いのときや遊具で遊ぶときに順番が待てず，割り込んでトラブルになることがある。遊びや造形活動では後片付けがなかなかできない。持ち物の落とし物，失くし物も多い。

入園時から母子分離は円滑で，幼稚園での活動に楽しんで参加している。ただし，集団のペースに自らの行動を合わせるのが苦手で，造形活動のときに立ち歩くなど離席が多い。また行動の切り替えが難しいことがあり，園庭での自由遊びを終えて保育室に戻るときに時間

を要する。紙芝居では，着席している椅子を少しずつずらして前のほうに移動し，物語の登場人物に大きな声で声援を送る。

　鬼ごっこで鬼になったり，フルーツバスケットでなかなか椅子に座れなかったりしたときに，癇癪を起こして廊下に出て行ったことがあった。おもちゃを他児と共有することが難しく，他児が手にしているおもちゃを衝動的に取ろうとして喧嘩になることが度々ある。また，パズルに興味はあるものの苦手なため，パズル遊びをしていたときに，他児がパズルを苦労なく完成させたのを見てそのパズルをバラバラに壊し，泣かせてしまったことがあった。

　その一方，転んで泣いている子どもに駆け寄って慰めることもある。

6）言語・コミュニケーション

　年齢相応の語彙と言語表現力は身についているが，他児と比べてやや擬音語が多い（転んで泣いている友達の状況を担任に伝えるとき，気持ちが高ぶっていたこともあり「ダーッとなってガーンとなってウェーンってなった」のような表現になった）。自分が興味のある鉄道の話は長々と話すが，相手の話は途中で注意がそれてしまい，最後まで聞いていないことが多い。特に仲の良い友達が2人いるが，本児が遊びを小刻みに変えるので戸惑っていることがある。じっくり1つの遊びに集中することは難しい。

7）運動・基本的生活習慣・その他

　体を動かす遊びは好きであるが，走るときの動作は上半身と下半身がうまく連動していない印象で，動作は大きいものの素早く走れない。縄跳びは連続して跳ぶことが難しい。手先は不器用で折り紙では端と端を合わせて折ることができない。

　排泄は，入園時より自立している。衣類の着脱は，1人で行うが不器用なため他児よりも時間がかかる。また，スモックが裏返しになったり，園服のボタンがかけ違っていたりすることがある。食事については，目立った偏食はないが，箸をうまく使えず握り箸になることが多い。時に手掴みで食べることもある。昼食の途中で離席することがあり，食べ残すことが多い。

8）身体・医学面

　感覚面の特徴としては，すぐに裸足になったり帽子を脱いだりする。上履きを履いていても左右が逆になっていることが多い。着席しているときに椅子をガタガタと揺らすことが多い。両側の縁（手すり）に手が届かないような幅の広い滑り台は滑りたがらない。また，ブランコも大きく揺らすことを好まない。

9）興味・強い面・指導に利用できるもの

　ひらがなの読みは習得して，1人で絵本を読んでいることがある。鉄道が好きで車両の種類や駅名をよく知っている。遊びもプラレールをつなげたり，保育室一つ一つを駅に，廊下を線路に見立てて電車ごっこをしたりするなど鉄道に関連する遊びが多い。知識は年齢相応のものを身につけていると思われる。絵本やテレビ番組などから豆知識を覚えて幼稚園で先生や友達に教えることがある。

2. 諸検査結果

1）WISC-IV 知能検査の結果

表 E-1-1　A の WISC-IV 検査結果（CA：5 歳 10 カ月）

全検査・指標得点	合成得点	パーセンタイル	信頼区間（90%）	記述分類
全検査（FSIQ）	91	27	86- 97	平均の下～平均
言語理解指標（VCI）	105	63	97-112	平均～平均の上
知覚推理指標（PRI）	95	37	88-103	平均の下～平均
ワーキングメモリー指標（WMI）	88	21	82- 96	平均の下～平均
処理速度指標（PSI）	78	7	73- 89	低い～平均の下

（1）指標得点間の比較

VCI > PRI （15%有意水準）

VCI > WMI（15%有意水準，標準出現率 12.5%）

VCI > PSI （15%有意水準，標準出現率 6.9%）

PRI = WMI

PRI > PSI （15%有意水準，標準出現率 17%）

WMI > PSI （15%有意水準，標準出現率 29.1%）

（2）下位検査間の比較

弱い能力（W）：「符号」（15%有意水準，標準出現率 10-25%）

強い能力（S）：「類似」（15%有意水準，標準出現率 5-10%）

「類似」 > 「絵の概念」（15%有意水準，標準出現率 24.3%）

（3）検査時の様子

　検査中の行動観察：単語レベルで回答しやすい「類似」は自信を持って取り組んでいたが，文レベルでの説明を要する「単語」や「理解」では回答を面倒がる様子があった。「数唱」の「逆唱」では 3 桁はすべて「わからない」と DK 反応だった。「符号」では運筆がぎこちなかった。制限時間になって作業を止める合図をしてもすぐに鉛筆が止まらなかった。最後までできなかったことを非常に残念がり，次の下位検査である「単語」に入っても「さっきの最後までできるよ」と言っていた。

3. 総合的判断

　WISC-IV の結果から得られた情報と日頃の生活の中で A が見せる行動とを関連づけて，総合的に解釈し，A の実態を理解する。

　①全般的知的水準（FSIQ）は 91（90%信頼区間 86 － 97）であり「平均の下」から「平均」の範囲である。ただし，4 つの指標得点間に有意な差が見られるため，それぞれの指標ごとに丁寧に解釈を進める必要がある。

　このことから A は，行動の切り替えの悪さから，集団活動のペースに自らの行動を合わせることが苦手であるが，語彙や言語表現力は年齢相応の力があり，また，就学前にひらがなの読みや簡単な数概念を習得していることから，全般的な知的発達の遅れはないと思われる。このことは，WISC-IV の FSIQ が平均域であったことと一致している。

②指標得点間の比較は，言語理解指標（VCI）が他の 3 つの指標のいずれと比較しても有意に高く，特に処理速度指標（PSI）との間には顕著な差が見られた（15％有意水準）。また，処理速度指標は，言語理解指標との比較だけでなく知覚推理指標（PRI）とワーキングメモリー指標（WMI）との比較においても有意に低かった。

　上記の結果から，A は言語概念形成，言語による推理力・思考力，言語による習得知識のすべてあるいはいずれかが他の能力と比較して有意に強く，一方，視覚刺激を速く正確に処理する力，注意・動機づけ，視覚的短期記憶，筆記技能，視覚－運動協応のすべてあるいはいずれかが他の能力と比較して有意に弱いことが示唆された。

　このことから A は，慌てているときなどとっさの語想起が苦手な面があるが，年齢相応の語彙力と言語表現力，知識は身についている。このことは，言語理解指標（VCI）の高さと実態が一致する。また，日常生活の中で衣類の着脱や造形活動（折り紙など）で同年齢の子どもと比較して手先の不器用さが見られるが，処理速度指標（PSI）の検査課題で運筆のぎこちなさや指標得点の低さが見られ，日常の様子と関連すると思われる。

③ワーキングメモリー指標（WMI）は，言語理解指標（VCI）と比較して有意に低く，また処理速度指標（PSI）と比較して有意に高い。このことから，聴覚的ワーキングメモリー，注意・集中の能力は言語概念形成，言語による推理力・思考力，言語による習得知識のすべてあるいはいずれかと比較して有意に弱いことが示唆された。

　処理速度指標（PSI）との比較においては標準出現率が 29.1％ と高いため，ここでは，言語理解指標（VCI）との差異に注目する。

　このことから，A の特徴である衝動性の高さの背景にワーキングメモリーの弱さが考えられる。

　その他，検査中の行動観察所見から制限時間ですぐに作業を止めることや前の課題から次の課題に気持ちを切り替えることに困難な様子が見られ，日頃の行動の切り替えの悪さと共通する様子が検査場面においても観察された。

4. 個別の指導計画（または支援の方針・具体的な方法）

1）支援の方針

　本児は，全般的な知的水準が平均域にあり，言語理解力も平均的な能力を有しているが，衝動性が高く多動傾向にあるため行動のコントロールが難しい。ただし，本児自身は幼稚園生活を楽しんでおり，それぞれの活動への参加意欲も高い。本児の参加意欲を損なうことなく，主訴に挙がった支援ニーズに対応するために，以下の支援方針と保育計画を立案した。

（1）事後の対応を減らし，事前の配慮を増やす

　本児は多動性，衝動性が高く，日々の保育の中で注意や叱責を受けることが多いため情緒面の配慮も必要である。そこで，不適切な行動をした後の介入ばかりではなく，適切な行動に導いた上でポジティブな評価ができるように心がける。本児の行動の傾向を把握した上で予測し，事前の配慮や声掛けを行う。

（2）活動を小分けし，手順を視覚的に提示し見通しを持たせる

　言語能力は本児の強みとなる力であるが，注意集中にも困難があるため，指示を出すときは妨害刺激を減らす環境づくりが必要である。言語による指示は簡潔及び明瞭に行い，併せて注意と理解を促すために視覚的な手がかりを添える。また活動を小分けにして示し，集中しやすい工夫を加える。たとえば，登園や降園時の身支度や造形活動での製作手順を，ステップごとに文字と写真でカードにする。カードを手順に沿って提示し，取り組めたものはカードを裏返しにしておく（今後取り組むべき手順のみ目にとまるようにする）。

（3）他児との適応的な関わりをモデリングにより提示する

　自由遊びなどでの他児との関わりの中で，本児の不適切な行動からトラブルが生じることがある。トラブルが生じそうな活動では，あらかじめどのような関わりをするのが適切か，保育者がモデルを示して注意を促しておく。

（4）集中しやすく活動への参加を円滑にするための環境整備を行う

　1日の保育の流れを，イラストや写真などの視覚的情報を活用しながら縦長の帯グラフにし，ホワイトボードに貼っておく。活動の順番だけでなく，活動に要する時間量も把握できるようにする。

　保育活動における子どもの動線を見直す。また，手洗い場の床に足跡のシールを貼っておき，列に並んで順番を待てるよう視覚的な手がかりを用意する。

　さまざまな工夫の上でも落ち着きが保てない場合のクールダウンの場所を園内に設ける。

　その他，造形活動や衣類の着脱，食事などのときに，手先の巧緻性の悪さに対しての配慮を行う。

2）指導目標と子どもの変化

　長期目標①：活動の切り替えが円滑に行える。
　短期目標①－1：外遊びの後，合図となる音楽（メロディ）が鳴り終わるまでに保育室に戻ることができる。
　長期目標②：活動の中で他者と適切に関わることができる。
　短期目標②－1：保育者の見守りのもと，他児と道具を共有することができる。

　短期目標①－1については，本児が好きな（メロディの展開が予想しやすい）歌を合図とし，歌の最後のフレーズのところまでに保育室に入るように約束をして，約束どおり入室できていたらカードにシールを貼る方法を取った。繰り返すうちに，曲の冒頭が流れると園庭

での遊びを切り上げる準備を始めるようになった。

　短期目標②−１は，あらかじめ物を借りるときのソーシャルスキル（力ずくで取らずに「貸して」と声掛けをする等）を保育者がモデルとなって示した上でリハーサルをさせた。保育活動の中での般化を図るために，道具を共有する相手に比較的穏やかな子どもを選び，また，道具の使用も短時間で済むような活動内容に設定した。以前と比較して，相手の手から引っぱって取り上げる行動は減り，うっかり取り上げようとしたときには慌てて「貸して」とことばを添えるような行動が見られるようになった。

E-1-2　集団活動の参加に困難がある年長男子 B

　幼稚園に通う年長児クラスのBは，絵本や紙芝居の途中で寝そべってしまったり，自分のやりたい遊びをするために場を離れてしまったりする。友達との遊びにも参加しようとするが，じゃんけんの勝ち負けやルールを理解して遊ぶことが難しかったり，困りごとや要求を自分から大人に伝えられずにすねたり泣いたりすることが多い。両親も「このまま小学校に入学して友達とうまくやっていけるか，教室で授業が受けられるのか心配している」と担任や園に話しており，このたび園長から巡回相談の希望が挙がった。

1. 実態把握

1）家族構成・家族状況

　父，母，本児，弟（乳児）の４人家族。

　父は会社員で，平日は忙しく帰宅が遅いが，休日はBを電車の見える公園や買い物に連れて行き，一緒に過ごすことが多い。母は専業主婦をしている。現在は弟に手を取られることが多いが，Bが家庭でリラックスして過ごせるよう，ある程度のことは大目に見ている。

2）生育歴・教育歴

　満期正常分娩にて3,200gで出生し，周産期に特に異常はなかった。

　運動発達：定頸５カ月，寝返り６カ月，座位７〜８カ月ごろ，はいはい９〜10カ月，独歩１歳１カ月であった。

　言語発達：初語は１歳過ぎ，二語文も２歳には出て簡単な会話もできたが，時に大人の質問をそのまま真似て質問に適切に答えられなかったり，返答が返ってこなかったりし，やりとりはマイペースであった。

　社会性の発達：にこにことよく笑い人なつっこかった。一方，壁や床の模様，車のおもちゃの線やマーク，タイヤの回転など，好きな物をじっと見つめ始めると呼びかけても振り向かず，視線を合わせてやりとりしにくいことがあった。

　１歳６カ月児健診では特に指摘はなかったが，母親は遊び方が変わっていることや，ドライヤーや掃除機の音が聞こえるといつも激しく泣くことなどが気になっており，希望して発達相談を受けた。発達検査ではおおむね年齢相応であるとのことだった。

3）幼稚園の状況・クラスでの様子

　Bのクラスは，子ども20人に担任と補助の先生の２人体制である。

4）行動・社会性

　園生活では，「昼食〜歯磨き〜片付け」という流れが決まっていたが，"食後はトイレに行く"というB独自の手順が年中（4歳児クラス）の途中まで変えられず，食後みんなが歯磨きを始める中，小便・大便が出なくても必ずトイレに行っていた。

　手洗い場などで，列の最後の人の後ろに並んで順番を待つことが難しく，ふらふら外れて戻って来ては，「○○君が順番を抜かした！」とべそをかいたり，「ずっと手が洗えない！」と怒ったりする。

　自由時間に，Bが好きな乗り物かるたで担任や補助の先生と遊ぼうとするが，他児が乗り物かるたで遊び始めるのを見つけると黙って取り上げ，自分は遊ばないのに持ち歩く。また，じゃんけんの「さいしょはグー」のかけ声や，しっぽとりゲームで他児が歓声を上げて走り出す雰囲気にひかれて楽しそうに参加するが，じゃんけんの勝ち負けやしっぽ取りゲームのルールがよくわからず，「B君はグーだから負け」「B君，しっぽ，とられたから負けだよ」とことばで言われると，怒ったり泣いたりして輪から外れてしまう。

　公園や家の近所では，1〜2歳年下の子どもと一対一で遊ぶことがある。自分の持っているおもちゃを見せたり，手をつないだりするやさしい振る舞いができる。

5）言語・コミュニケーション

　幼稚園の先生や両親など，Bの話をよく聞いてくれる大人に自分が経験したことや好きな乗り物の話題を話すことが好きである。一方，ボタンや道具の操作が難しいときや，勝敗・順番のことで友達ともめて困ったときに，Bから補助の先生や担任にことばやその他の方法で伝えることはなく，担任が気づくとすねたり泣いたりしている。

6）運動・基本的生活習慣・その他

　体がぐにゃぐにゃして，壁にもたれたり床に寝そべったりすることが多いため，順番が来るまで列に並んで待つこと，好きな絵本や紙芝居を座った姿勢を保って見続けることが難しい。

　椅子に長く座って姿勢を保てず，食事中に膝を立てたり左手を椅子についたりして体を支える。

　利き手は右だが，フォークやスプーンで食べ物を口にうまく運べず，左手で食べ物を口に押し込んだり，プチトマトなどを指でつまめずにテーブルに落としてしまったりすることが多い。また，スモックのボタンのかけ外しや靴のマジックテープをうまく止められず，ボタンが外れたまま活動を始めたり，歩き始めに靴が脱げてしまったりすることがある。

7）身体・医学面

　室内や園庭に子どもたちが集合して座る際，友達の腕や体がBに少し触れただけで「痛い！」と怒る。周りが少し間を空けて調整してくれても「座れない！」と手足をバタバタするので，集団から少し距離を取って補助の先生の膝に座ることが多い。

　水がキラキラするのが好きである。特に晴れた日のトイレ後や手洗いの際には，外の手洗い場で水を流しっぱなしにして手についた水滴を日差しに向かってとばす遊びを始め，戻って来なくなることがある。担任や補助の先生が付き添って声をかけて切り上げさせている。

食べたことがない食材や何が入っているかわからないメニューは食べられないことが多い。視力や聴力は正常で，これまで大きなけが・病気で病院にかかったことはない。

8）興味・強い面・指導に利用できるもの

乗り物が好きで，工事車両や電車の知識が多い。器用ではないが，乗り物の絵を描くのも好きで，毎日，気が向いたときにたくさん描いている。

数字やひらがなへの興味は早く，気づくと読めるようになっていた。乗り物のお絵描きでも数字やアルファベットで車両番号を書いている。

9）園内の体制

2年保育の公立幼稚園である。4歳児クラス，5歳児クラスともに2クラスである。園には特別支援コーディネーターがおり，園児の状況によって加配がつく。

2．諸検査結果

1）WISC-IV 知能検査の結果

表 E-1-2 B の WISC-IV 検査結果（CA：5 歳 6 カ月）

全検査・指標得点	合成得点	パーセンタイル	信頼区間（90%）	記述分類
全検査（FSIQ）	95	37	90-101	平均
言語理解指標（VCI）	91	27	85- 99	平均の下～平均
知覚推理指標（PRI）	95	37	88-103	平均の下～平均
ワーキングメモリー指標（WMI）	106	66	99-112	平均～平均の上
処理速度指標（PSI）	94	34	87-103	平均の下～平均

（1）指標得点間の比較

WMI ＞ VCI　15％有意水準，標準出現率 17.7％

WMI ＞ PRI　15％有意水準，標準出現率 24.5％

WMI ＞ PSI　15％有意水準，標準出現率 24.7％

「ワーキングメモリー指標」が，他の指標得点に比して有意に高い。

（2）下位検査間の比較

弱い能力（W）：「類似」 15％有意水準，標準出現率 10-25％

　　　　　　　「類似」が他の下位検査に比して有意に低い。

　　　　　　　「符号」＜「記号さがし」15％有意水準，標準出現率 2.9％

　　　　　　　「符号」が「記号さがし」に比して，有意かつ顕著に低い。

（3）検査時の様子

「数唱の逆唱」：一般的な教示をことばで 1 回聞くだけではやり方が理解できず，例示問題を何度か繰り返し示す必要があった。

「類似」："A と B ではどんなところが似ていますか？"という教示や練習問題だけでは

図 E-1-1　B による DAM の描画

何を答えるよう言われているのか理解できず「わからない」が続いた。検査外で，「（A と B は）何の仲間？」と聞き方を変えて質問すると，正しく答えられることがあった。

2）その他の検査

- グッドイナフ人物画知能検査（DAM）（5 歳 4 カ月時）
  精神年齢 4 歳 4 カ月，好きな電車の絵も描き足した（図 E-1-1）
- 親面接式自閉スペクトラム症評定尺度（PARS-TR）（5 歳 4 カ月時）
  幼児期ピーク得点（4 歳）15 点，幼児期現在得点：10 点

3．総合的判断

1）WISC-IV 知能検査結果より

　①全般的な知的水準は「平均」の範囲である。ただし，指標得点間に有意差がみられるため，全検査 IQ の解釈は慎重に行う必要がある。

　②指標得点間の比較より，聴覚的ワーキングメモリー，注意集中のいずれかが有意に強い。

　③下位検査間の比較より，「類似」が有意に低く，言語理解力，言語表現力，抽象的言語概念，本質的な部分を見つける力のいずれかが有意に弱い。「符号」に比べて「記号」が有意かつ顕著に低いことから，視覚弁別力が有意かつ顕著に弱い。

　④検査時の様子より，言語理解力の弱さや柔軟性の乏しさ（検査者の例示から，課題のやり方を学び取ることが難しい）があると考えられる。

2）その他の検査より

　PARS-TR：こだわりや感覚の過敏があり，自閉スペクトラム症（ASD）を強く示唆する特性がある（幼児期ピーク得点が 9 点以上）。

3）基本障害の推定とその根拠

　本児は，諸検査の結果から知的な遅れはないが，自閉スペクトラム症（ASD）の行動特性を有しており，感覚の過敏さ，言語理解力や場面状況に合わせた柔軟性の乏しさ，言語コミュニケーションの弱さがある。また，運動技能の問題や手先の不器用さ（目と手の協応動作）も併せ持っている。

4．個別の指導計画（または支援の方針・具体的な方法）

1）長期目標

　①活動の流れや遊びのルールを理解し，参加することができる。

　②姿勢保持・運動操作に対する合理的配慮を受けながら，活動に参加することができる。

　③感覚過敏に対する合理的配慮を受けながら，活動に参加することができる。

　④大人に要求や思いを伝え，コミュニケーションで解決することができる。

2）短期目標

　①－1　活動の流れを理解して参加できる。

　①－2　じゃんけんのルールがわかり，遊びに参加できる。

　②－1　列のどこに並ぶかがわかり，順番が来るまで列で待つことができる。

　②－2　ボタンを留める・靴を履くなどの生活動作ができる。

　③集合のときに，1人で座って参加できる。

　④－1　大人（補助の先生）が示す伝達モデルをまねて，担任の先生に自分の要求を伝えられる。

　④－2　一緒に遊ぶ友達の人数やおもちゃの数などを工夫・調整した場面で担任や補助の先生のことばのモデルをまねて使い，友達と遊ぶことができる。

3）具体的な方法

　①－1　朝のあいさつのときに1日のスケジュールをカードや文字で視覚提示しながら説明する。"朝の準備""昼食時の準備""帰りの準備"など，ルーティン作業の動作手順も絵カード等にしておき，終わり・出来上がりの見通しを持って行動させる。

　①－2　担任や補助の先生と友達数人でじゃんけん遊びの機会を作り，「じゃんけんの勝ち負けカード」（図 E-1-2）でその都度勝敗を確認させる。

　②－1　目印を手がかりに列に並べたこと，その場から離れずに待てていることを具体的にことばで褒め，並んで待てる時間を延ばす。

　　ユニバーサルデザイン：洗い場の足元に列ごとに色分けした枠（数字つき）や立ち位置シートを準備し，子ども全員が並ぶ位置や順番を意識しやすくする（図 E-1-3）。

　②－2　ボタンや靴の履き方手順を写真で視覚的に提示し，補助の先生についてもらっているときには，「左手お父さん指は穴，右手でボタンをお父さん指にどうぞ，ボタン出てきたかな？」などと，決まったことばで操作を解説してもらう。

　　合理的配慮：他児と同じペースで活動参加できるよう，スモックのボタンは目で

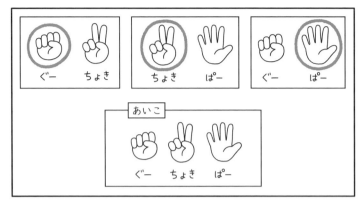

図 E-I-2　じゃんけんの勝ち負けカード

図 E-I-3　列に並ぶ際の立ち位置の工夫

見て操作しやすい 2 カ所に減らす（他はマジックテープにする），靴のマジックテープを親指で引っかけて引っぱれるよう靴用の小さなチャームをつける，など保護者に加工を依頼する。

③集合の際には，B の座席位置を端や後方に決め，全員が大きな積木や椅子を使って座席分の距離を確保するようにし，B の体が友達と触れ合わず安心して座る経験をさせる。

④－I　道具の操作や身辺自立動作を伴う活動場面で，B の様子・表情から "難しい・困っている" 気持ちを読みとり，補助の先生が「先生，やってください」「やり直したいからもう 1 枚，紙をください」などと伝達モデルを示し，B がまねて担任の先生に言える機会を増やす。

④－2　B の好きな乗り物かるた遊びを始める他児に B が近づいたときに，担任や補助の先生が「ぼくもかるた，したい」「かるた遊びに入れて」と友達への伝達モデルを示し，B と友達が一緒に遊ぶ機会を作る。最初は同じかるたを 2 セット使う，子どもたちそれぞれの前に同じ数のかるたを並べ取ることのできる札を限定する，などの配慮をし，スモールステップで友達と札を取り合う・数を競うなどの勝敗に慣れさせる。

E-1-3　多動で落ち着きがない小3男子C

　小学校3年生のCは，授業中落ち着きがなく，離席が多くて多動であった。その様子を授業参観で不安になった保護者から，特別支援教育コーディネーターに相談があった。

1. 実態把握

1）家族構成・家族状況

　父，母，姉（中学生），本児の4人家族である。

　両親は，ともに温和な性格でありそれぞれ働いている。父親は，仕事に忙しく帰宅が遅い。母親は夕方には帰宅しており，Cの学校の教育活動には協力的である。しかし，担任に対しては，少し不信感を持っている。姉は社交的な性格ではなく，自分から人と話すことは得意ではないが，弟の面倒をよくみる。

2）生育歴・教育歴

　周産期に異常はなく，正常分娩であった。

　運動発達は特に遅れなどの指摘はなく，初歩は1歳1カ月頃であった。

　2歳を過ぎてもことばが出ず，話そうとする様子もなく，見てほしいものがあるときに，腕を掴んで連れて行こうとするクレーン現象があった。喃語はほとんどなく，初語は2歳1カ月頃に「パパ」であった。その後は急に語彙が増え，話し始めた。

　3歳頃には，おもちゃで遊ぶことに夢中になり，一緒にいても相手の存在に気づいていないような様子があった。人から声をかけられても視線が合いにくかった。

　3歳児健診で要経過観察となり，保健師から助言を受けた。

　保育所では，すぐに外の手洗い場に行き，蛇口をひねって水を流して遊んでいることが多かった。友達が教室に入ってもなかなか一緒に入ることができず，遊びを中断されると大声で泣き，保育士の腕を噛んだことがあった。

　小学校入学後，登校時に昆虫に夢中になって道路に飛び出してしまい，何度か自動車にひかれそうになった。教室では離席が多かったが，担任との信頼関係ができた頃から着席できるようになった。しかし，体は常に動いており落ち着きはなかった。

3）学級の状況・学級での様子

　3年生になってクラス替えがあった。4月に，学級は落ち着いた状況でスタートしたが，お互いが慣れてくると，次第に授業がざわついた感じになった。学級のルールが定着せず，馴れ合いのような状況がある。Cは，にぎやかな状況が苦手で「うるさい！」と叫ぶことがある。長い間，座っていると，ゴソゴソと動き始め，椅子を倒すように座り，離席したり寝転がったりすることがある。積極的に発表しようとするが，ふざけることが多い。間違っていたことを指摘されたり，思うように説明できなかったりすると，突然，キレてしまい，「うるさい，ばばあ」と暴言を吐いたり，離席して掲示物を破り，教室を飛び出したりすることが起こるようになった。そのような状況になると，学級の児童は，Cの行動を警戒して静かにしている。保護者は，「学級担任が変わってからこのようになった」と担任に対して訴えて

いる。

4）学力

　読み書きが苦手で，初めての文章を読むときは，逐次読みになることが多い。また，拗音や促音等が表記できていないことがある。文では一部の文字を見て思い込みで読んでいることがあった。カタカナについては，習得が完全ではない。また，音読の宿題は，母親に聞いてもらうことなく，自分で音読カードの保護者欄にサインを書いて提出していることがわかった。作文の場面になると，机に伏せてしまうことがある。質問されたことに答えることはできるが，質問の意図を読めていないことがある。計算は，ゆっくりではあるが，ある程度正確にできている。

5）行動・社会性

　衝動性が高く，他の児童が責められている場面を見ると割って入り，状況に関係なく責めている児童を叩くことがあり，トラブルになることがある。やりたいことがあると順番を守らず，何でも 1 番にやろうとする。

6）言語・コミュニケーション

　誰に対しても遠慮なく話し掛ける。また，悪気なく相手の気に入らないことを言ってしまうことがある。

7）運動・基本的生活習慣・その他

　外で遊ぶことが大好きであり，休憩時間になるとすぐに教室を飛び出していく。手洗い・うがいなどはみんなと同じように適切に行うが，ハンカチを持ってきていなかったり，失くしてしまったりすることが多い。

8）身体・医学面

　過去に医療機関の受診を勧められたが，これまで受診はしていない。

9）興味・強い面・指導に利用できるもの

　昆虫が好きで，先生や友達に昆虫のことを質問されると，昆虫の名前や食べるものをうれしそうに説明する。図書室で，昆虫に関する本を見ていることが多く，家にはボロボロになった昆虫図鑑が数冊ある。文章や教材に昆虫が出てくると，一生懸命に取り組むことができる。

10）校内の体制

　学校では，学期に 1 回，校内委員会で事例検討を行っている。校内には通級指導教室があり，必要と判断されれば指導を受けることができる。

2. 諸検査結果

1）WISC-IV 知能検査の結果

表 E-1-3 C の WISC-IV 検査結果（CA：9 歳 0 カ月）

全検査・指標得点	合成得点	パーセンタイル	信頼区間（90%）	記述分類
全検査（FSIQ）	87	19	82- 93	平均の下～平均
言語理解指標（VCI）	91	27	85- 99	平均の下～平均
知覚推理指標（PRI）	98	45	91-105	平均
ワーキングメモリー指標（WMI）	82	12	77- 90	低い～平均
処理速度指標（PSI）	83	13	77- 93	低い～平均

（1）指標得点間の比較
PRI ＞ WMI（標準出現率 15.3%）（15%有意水準）
PRI ＞ PSI （標準出現率 20.1%）（15%有意水準）

（2）下位検査間の比較
　下位検査間の比較では，「類似」（評価点 9）が高く，「絵の概念」（評価点 6）との間に有意差があった（標準出現率 24.3%）。強い能力（S）と考えられるのは「行列推理」（評価点 12，標準出現率 10 ～ 25%），弱い能力（W）と考えられるのは「絵の概念」（評価点 6，標準出現率 10%）であった。

（3）検査時の様子
　検査時，一つ一つのことばはよく知っているが，イメージできない抽象的な内容については理解できていなかった。理由を問われる場面では，的確なことばが見つからず，表現に困っていた。また，体験したことや具体的にイメージできることは覚えていたが，無意味な文字や数を覚えておくこと，覚えたことを頭の中で操作することは難しかった。さらに，単純な視覚情報を素早く正確に書き写す作業に苦労していた。書く際には，文字が崩れたり，はみ出したりした。

2）LD-SKAIPの結果

表 E-1-4　CのLD-SKAIP検査結果（CA：9歳0カ月）

ステップI

内容	言語・聴覚系			視覚・運動系			行動	社会性
	話しことばの理解	文字・音の変換	ことばによる表現力	手先の動き・書く作業	形・数・量の理解	基本的な目の動き		
判定	A	A	A	A	A	A	A	A

ステップII

内容	読字				書字				
	3文字	4文字	5文字	文の読み	視写	ひらがな聴写		カタカナ聴写	
						清音等	拗音等	清音等	拗音等
判定	C	C	C	C	C	A	A	C	C

内容	計算					
	足し算①	足し算②	引き算①	引き算②	掛け算	割り算
判定	A	B	C	C	C	C

3. 総合的判断

　DSM-5に照らし合わせると，幼少期の初語の遅れや対人関係の希薄さ，一方的なコミュニケーションなどの特徴から，自閉スペクトラム症（ASD）の傾向にあると推測することができる。また，昆虫に夢中になり道路に飛び出す，衝動的に行動しトラブルになる，常に体を動かしていること等からADHDの可能性も推測される。

　WISC-IVの結果，全検査IQは，「平均の下」から「平均」の範囲であった。ただし，指標得点間に有意な差があるため，解釈は慎重に行う必要がある。指標得点間の比較では，ワーキングメモリー指標・処理速度指標は知覚推理指標と比べて有意に低く，聴覚的ワーキングメモリー，注意・集中，視覚刺激の速い正確な処理力，視覚的短期記憶等が他の能力と比べて有意に弱いことがうかがえる。下位検査間の比較では，「類似」に比べて「絵の概念」が有意に低いことから，非言語性の推理力の弱さが推測される。

　これらの結果や検査時の様子から，文章に示されていないことを読み取ったり，相手から伝えられたことの意図を理解したりすることに困難があるため，思い込みで行動してしまい，トラブルに発展すると考えられる。また，注意集中の弱さ，記憶の弱さがあるため（ちょっとした音で注意がそれやすく，話を最後まで聞くことが難しい），聞き間違いや聞いたことをすぐに忘れることが多く，友達とのトラブルに発展しやすいことが考えられる。さらに，筆記技能，視覚－運動協応の弱さがあるため，文字を視写したり音読したりすることに時間がかかることが考えられる。

　LD-SKAIPの結果からは，読字について，文字と音を対応させる速度の弱さ，単語の意味を読み取って文全体の意味に統合する正確性と速度の弱さがあると推測された。また，書字については，ひらがな文字を見て，素早く正確に書き写す力に弱さがあると推測された。

4．支援の方針

　落ち着いた行動への改善を図るために，校内委員会では通級による指導を受けることが適切と判断した。相手の話を聞き取ることや自分の思ったことを相手に伝えることを目標に設定し，通級指導教室は，通常の学級，家庭と連携して指導を行うこととした。指導・支援にあたっては，次のことに留意した。

- 周囲の状況を把握させるために，絵・図・文字を提示しながら説明したり，ロールプレイや話型を用いて行動様式の習得・定着を図ったりする。
- 「ありがとう」等の肯定的なことばを提示して活用を促すとともに，活用時に称賛する。
- 授業では，たとえば，登場人物の気持ちを理解させるために，キーワードに印をする，感情を曲線で表す，劇化・動作化させて実感させる等，工夫する。
- 授業のねらいを焦点化し，課題に気づきやすくなるように，教材の一部を強調したり，視覚化したりして提示する。
- 相手の言っていることを正確に聞き取らせるために，説明や指示をする際，静かな学習環境を設定し，注意の集中を促してから話し掛ける。
- 記憶にとどまるよう，絵・図・文字・モデルを補助的に使用するとともに，短く簡潔に，繰り返して説明する。
- 音と文字の正確な変換をさせるために，単語のかたまりを意識させたり，特殊音節のルールについて理解を促したりする。
- 書く課題の量の調整を行い，できたことや取り組もうとした姿勢を積極的に称賛し，自己肯定感を育成する。

E-1-4　学習に意欲的になれず学習成果が上がらない 小3男子D

　小学校3年生のDは，授業中に挙手して当ててもらえないと，離席したりふてくされたりして学習に参加できなくなるなどの行動がみられた。3年生になり学習に積極的に参加できないことが多く，成績も振るわないといった様子が顕著に見られることなどから保護者が不安になり，特別支援教育コーディネーター（以下，コーディネーター）に相談があった。

1．実態把握

1）家族構成・家族状況

　父，母，兄（小学校6年），本児の4人家族

　両親ともに働いている。両親とも，子どもとはしっかり関わっており，父親も休みの日には，一緒に遊ぶなどして過ごしていることが多い。母親も仕事から帰ってからの関わりではあるが，本児の話をしっかり聞くなどして関わっている。本児も父母といろいろな話をしている様子である。

2）生育歴・教育歴

周産期，異常なし。3,020g で正常分娩。

運動発達：特に遅れなどの指摘はなかった。

言語発達：特に遅れなどの指摘はなかった。

社会性の発達：特に指摘されることはなかった。

3 歳児健診でも，特に指摘されることはなかった。

保育園に 1 歳頃から通っている。母は，保育園で不当な扱いを受けたために「どうせぼくなんか～」と言うような自信のない子どもになったのではないかと，コーディネーターに訴えた。たとえば，友達とのトラブルについては，「女の子が正しいから謝りなさい」というように，本人の話を聞いてもらえないことが多かったと受け止めている。

小学校入学後は，通常の学級に在籍し，楽しく通うことができている。

3）学級の状況・学級での様子

学級の子どもたちは落ち着いており，熱心に関わってくれる担任で，子どもたちとの関係もよい。本児もしっかり関わってもらっている。しかし，授業中に挙手して当ててもらえないと，本児はふてくされたり，離席したりする。できることとできないこととの間に意欲の差があり，担任からは扱いにくい子と言われている。

4）学力

ひらがなを覚えることには苦労はしなかった。カタカナも覚えることはできたが，漢字は自信がなく，書かないことが多い。文字は全般的に雑で読みにくい。丁寧に書きなさいと言われても，あまり改善がみられない。国語の読み取りは，問いに答えを書いていないことがある。文章を書くことは苦手で，作文も苦手である。計算はできるが，時間や長さなどを習ったときは，習得に時間がかかった。絵を描くことが好きでよく描いていて，担任に見せにくることもある。ピアノやスイミング，スケートボードを習いに行っており，運動全般が得意である。

5）行動・社会性

授業中に思い通りにならないときに離席など勝手な行動が見られる。また，忘れ物も多い。整理整頓や身の回りの片付けができず，探し物をしていることが多い。促しても整理整頓ができないことが多い。友達との関係ではトラブルがよくあり，指導を受けることがある。たとえば，友達の物を取って，にこにこ笑いながら逃げてみたり，ちょっかいをかけたりして友達から嫌がられるような行動をすることがある。

6）言語・コミュニケーション

話し始めると自分の言いたいことを言い続けることが時々ある。家庭では，話をしていて思いが通らないと，すぐにすねることがある。

7）運動・基本的生活習慣・その他

運動面では，課題は見られない。基本的生活習慣は身についているが，家庭でも整理整頓

はできていないことがあり，母親から注意されていることが多いようである。

8）身体・医学面

　特別な既往症はない。

9）興味・強い面・指導に利用できるもの

　スケートボードを習っており，スキルに自信を持っているようである。体を動かすことは好きである。絵を描くことも好きなので，はやりのアニメキャラクターを描いて見せにくることもある。

10）校内の体制

　校内には通級指導教室が設置されている。

2．諸検査結果

1）WISC-IV 知能検査の結果

（1）指標得点間の比較（15％水準）

表 E-1-5　D の WISC-IV 検査結果（CA：9 歳 1 カ月）

全検査・指標得点	合成得点	パーセンタイル	信頼区間（90％）	記述分類
全検査（FSIQ）	99	47	94-104	平均
言語理解指標（VCI）	99	47	94-104	平均
知覚推理指標（PRI）	98	45	91-105	平均
ワーキングメモリー指標（WMI）	109	73	101-115	平均～平均の上
処理速度指標（PSI）	91	27	84-100	平均の下～平均

　　PRI ＜ WMI（差 11）　　有意差あり　（標準出現率　24.5％）
　　WMI ＞ PSI（差 18）　　有意差あり　（標準出現率　14.9％）

（2）下位検査間の比較（15％水準）
　　符号【7】＜記号探し【10】（差：3）　有意差あり　（標準出現率　19.5％）
　　類似【10】＞絵の概念【7】（差：3）　有意差あり　（標準出現率　24.3％）
　　弱い能力（W）：符号【7】

（3）検査時の様子
　　全体として一生懸命に取り組む様子が見られた。「符号」の検査では，慎重に何度も見本を確認する様子が見られた。

2）LD-SKAIP の結果

表 E-1-6　D の LD-SKAIP 検査結果（CA：9 歳 1 カ月）

ステップ I

内容	言語・聴覚系			視覚・運動系			行動	社会性
	話し ことばの 理解	文字・音の 変換	ことばに よる 表現力	手先の 動き・ 書く作業	形・数・量 の理解	基本的な 目の動き		
判定	A	A	B	C	A	C	B	B

ステップ II

内容	読字				書字				
						ひらがな聴写		カタカナ聴写	
	3文字	4文字	5文字	文の読み	視写	清音等	拗音等	清音等	拗音等
判定	A	A	A	A	B	A	A	A	A

内容	計算					
	足し算①	足し算②	引き算①	引き算②	掛け算	割り算
判定	A	A	A	A	A	A

3. 総合的判断

　知的水準は，「平均」の範囲。ただし，指標得点間に有意な差が見られるため，解釈は慎重に行う必要がある。

　ワーキングメモリー指標に比べて処理速度指標が有意に低い結果となった。

　全体としては知的な課題がないレベルであった。しかし，言語の力は正常なのにことばの意味を取り違えていたり，思い込みで説明したりすることがみられた。聞く力はあるが，そのことと比較して正確に速く作業する力が有意に弱いのが特徴であった。下位検査の「符号」での作業スピードが極端に遅かったための弱さであるが，間違えたくないため慎重になりすぎた様子が観察された。

　これらのことから，対人関係においても物事の捉え方や会話で伝え合うことにずれが生じやすいといえる。思い込みが強いため，一生懸命頑張りたい気持ちが強い分，失敗やうまくいかなかったときの落胆が大きく，ネガティブな発言や態度で表現していると考えられる。文字や形を整えて書くことは，本児にとって間違えたくないという気持ちも含めてエネルギーを要する状態であるが，本児自身がそのことを表現したり調整したりできないため，やりたくないと発言していると考えられる。音読も，日常の観察からは大きな問題はない状態であるが，失敗したらどうしようという思いが前面に出て，音読を嫌がっていると考えられる。

　LD-SKAIP の結果からは，手先の不器用さが視写に影響している様子が見られたが，見る力聞く力の弱さは見られないというものであった。

4. 支援の方針

　校内委員会では，通常の学級での配慮指導とともに，通級指導教室で週1回程度指導を受けることが必要と判断した。

- ことばの意味理解が誤っていないかどうかを日常的に丁寧に確認し，誤っている場合は丁寧に説明し理解させるように心がける。説明は，具体的に短いことばですることと，ポイントを絞った視覚情報の提示で正しく理解させるようにする。正しく理解できていることを確認してから，次の課題を提示するようにする。
- 地図やグラフなど視覚情報が多いときは，見るべきポイントを示し，正しく読み取れるようにする。
- 授業の中で考えや思いを書かせたり発表させたりする場合は，話型や書き方の型やモデルを提示する。
- 教師が個別に話を聞く際は，やりとりを時系列で書き，視覚的に確認しながら考えや思いを聞き取るようにする。
- 作文などの課題では，読める字が書ければよいと伝える。十分な時間を確保して取り組むようにすることも必要である。
- 全体を通して，達成感や自己有用感を育てていくことが大切である。

E-1-5　書字が困難で，学習意欲が低下している小2男子E

　小学校2年生のEは，授業中に集中できず，自分から学習課題に取り組むことができない。特に，書字を伴う学習は苦手意識が高く，書くことを拒否して課題に取り組もうとしない。友達関係は良く，休み時間はクラスの友達と楽しそうに遊んでいるが，1学期の後半から学校へ行き渋るようになってきた。学習に取り組めないことや登校渋りを心配した保護者から，特別支援教育コーディネーターに相談があった。

1. 実態把握

1) 家族構成・家族状況

　母，妹（幼稚園），本児の3人家族。母親は仕事をしながら1人で子育てをしており，毎日余裕なく過ごしていた。Eは，1年生のときから身の回りのことが自分でできなかった。最近は，声をかけても宿題や学校の準備をしようとせずゲームばかりしており，注意すると癇癪を起こすことが増えてきたことから，母親は子育ての不安が大きくなってきていた。

2) 生育歴・教育歴

　周産期，異常なし。1歳6カ月児健診，3歳児健診，就学時健診ともに特別な指摘はなかった。

　運動発達：寝返り6カ月，はいはい・つかまり立ち7カ月，お座り8カ月，始歩11カ月。

　言語発達：1歳で初語，1歳半頃に二語文が出るようになり，ことばの遅れはなかった。

　社会性の発達：2歳から保育所に入ったが，集団生活を嫌がることはなかった。保育所では，食事や作業を着席して続けることが難しく，活動に興味が持てないと，立ち歩いて集団から外れることがたびたびあった。絵本や制作は好きだが，お絵かきやパズルのような遊びは，自分からはしようとしなかった。小学校入学後は，集団から大きく外れることはなかったが，常に落ち着きがなく，学習の定着が難しかった。

3）学級の状況・学級での様子

　学級児童は 34 人で，ざわざわして落ち着かない雰囲気がみられた。Ｅは，授業中手遊びをしたり，隣の子どもに話しかけたりして，授業に集中することが難しかった。また，説明を聞かずに自分勝手に動いてしまうので，担任や支援員に注意されることが多かった。１年生までは，元気に登校していたが，２年生になり，登校渋りやのどを鳴らすチック症状がみられるようになった。

4）学力

　書くことが非常に苦手で，書字を伴う活動になると「無理」と言い，机に伏せてしまう。特に漢字は覚えにくく，１年生３学期の漢字まとめテストは 50 問中 5 問の正答であった。ひらがなやカタカナは，「む」「ふ」「そ」「シ」「ツ」など正しく書けない字もあるが，だいたいの形は覚えていて，興味が持てると，単語のような簡単な内容であれば書くことができる。作文は，教師が横につくと 2 文程度書けるが，ひらがなばかりで，特殊音節や助詞を間違えることがあった。

　音読は，読み飛ばしや勝手読みがあり，長文は「面倒くさい」と言って読みたがらないが，初見の文章でもだいたい読むことができる。読み聞かせが好きで，範読を聞いて話の内容を理解することができる。プリントなど学習課題は，じっくりと取り組むことができず，最後までやりきれないことが多い。算数は，数量の概念理解はできるが，計算はケアレスミスが多い。

5）行動・社会性

　じっとして話を聞くことや待つことが苦手で，複数の作業を同時に進めることが難しい。時間通りに行動できず，集会や教室移動は，支援員に付き添われ遅れて参加することが多い。

6）言語・コミュニケーション

　人なつこく，自分の話したいことはよく話すが，気持ちを伝えることは苦手で，「忘れた」「わからない」と言うことが多い。

7）運動・基本的生活習慣・その他

　運動は全体的に苦手である。手先が不器用で，ハサミや定規がうまく使えない。整理整頓が苦手で，ものを机の中に詰め込んでしまうので失くしやすい。姿勢が崩れやすく，立って話を聞く場面では体がよく動き，座り込んでしまうこともある。

8）身体・医学面

　視力，聴力の問題はない。軽い喘息があり，体調不良で休むことが時々ある。

9）興味・強い面・指導に利用できるもの

　生き物や恐竜が好きで，知識が豊富である。クイズを考えることが好きで，教師や友達にクイズを出して楽しんでいる。制作活動が好きで，仕上がりは雑だが，独特の発想で作品を作り上げることができる。家では，ブロックやプラレールで遊んでいる。手伝いをすること

が好きで，教室では，係や当番の仕事を進んでやろうとする。

10）校内の体制

　校内には通級指導教室が設置されている。学級には，支援員が1名配置されている。

2. 諸検査結果

1）WISC-IV 知能検査の結果

表 E-1-7　E の WISC-IV 検査結果（CA：8歳1カ月）

全検査・指標得点	合成得点	パーセンタイル	信頼区間（90%）	記述分類
全検査（FSIQ）	101	53	96-106	平均
言語理解指標（VCI）	123	94	114-128	平均の上～高い
知覚推理指標（PRI）	100	50	93-107	平均の下～平均
ワーキングメモリー指標（WMI）	85	16	80- 93	平均の下～平均
処理速度指標（PSI）	86	18	80- 96	平均の下～平均

（1）ディスクレパンシー比較（15%水準）

　VCI＞PRI（差23）　有意差あり　（標準出現率　5.7%）

　VCI＞WMI（差38）　有意差あり　（標準出現率　0.5%）

　VCI＞PSI（差37）　有意差あり　（標準出現率　1.9%）

　PRI＞WMI（差15）　有意差あり　（標準出現率　17.4%）

　PRI＞PSI（差14）　有意差あり　（標準出現率　21.9%）

（2）下位検査間の比較（15%水準）

　符号【9】＞記号探し　【6】（差：3）　有意差あり　（標準出現率　18.4%）

　類似【15】＞絵の概念【11】（差：4）　有意差あり　（標準出現率　16.0%）

　強い能力（S）：類似【15】　単語【14】

　弱い能力（W）：弱い力　語音整列【7】　記号探し【6】

（3）検査時の様子

　検査中は，説明を最後まで聞かずに答え，「いつ終わるの？」「疲れた」と言い，集中が続かなかった。「符号」は，素早く書くが，筆圧が弱くマスから線がはみ出していた。

2）その他の検査

　①フロスティッグ視知覚発達検査（7歳11カ月）：視知覚指数は72で，視覚と運動の協応（5歳0カ月），図形と素地（5歳11カ月），空間における位置（6歳6カ月）という結果であった。

　②標準読み書きスクリーニング検査（8歳0カ月）：「音読」は標準範囲であったが，「書取」は，単語ひらがな（－2 SD 以下）と単語漢字（－2 SD 以下）に低下が見られた。

3. 総合的判断

1）WISC-IV 知能検査結果より

（1）全般的な知的水準は「平均」の範囲である。ただし，指標得点間に有意差がみられる
　　ため全検査 IQ の解釈は慎重に行う必要がある。

（2）指標得点間の比較より

- 知覚推理指標，ワーキングメモリー指標，処理速度指標に比べ，言語理解指標は有意か
　つ顕著に高い。このことから，言語概念の形成，言語による推理力・思考力，言語によ
　る習得知識のいずれかが，有意かつ顕著に強いと考えられる。
- 知覚推理指標に比べ，ワーキングメモリー指標，処理速度指標が有意に低い。このこと
　から，非言語による推理力・思考力，空間認知に比べ，聴覚的ワーキングメモリー，注
　意，集中，及び，視覚刺激を速く正確に処理する力，注意，動機づけ，視覚的短期記憶，
　筆記技能，視覚－運動協応のいずれかが，有意に弱いと考えられる。

（3）下位検査の比較より

- 「類似」と「単語」が有意に高いことから，言語理解力，言語表現力，抽象的言語概念，
　本質的な部分を見つける力，語彙が有意に強い。
- 「語音整列」が有意に低いことから，聴覚的ワーキングメモリーが有意に弱い。
- 「記号探し」が有意に低いことから，視覚情報処理，視覚的ワーキングメモリーが有意
　に弱い。
- 「絵の概念」に比べ，「類似」が有意に高いことから，言語による推理力・思考力が有意
　に強い。
- 「符号」に比べ，「記号探し」が有意に低いことから，視覚弁別力が有意に弱い。

2）その他の検査結果より

　フロスティッグ視知覚発達検査より，目と手の協応の弱さ，筆記技能の弱さが推測される。
また，標準読み書きスクリーニング検査より，書字の困難さが推測される。

3）基本障害の推定とその根拠

　本児は，諸検査の結果から知的な遅れはないが，LD の特性を有しており，特に書字の困
難が大きいことから，書字障害の可能性が推測される。また，幼少期から，集中して聞いた
り活動したりすることが難しいことや，不注意によるミスが多いことから，ADHD の可能性
も推測される。

4. 個別の指導計画

表 E-1-8　E の個別の指導計画

長期目標：【学習面】①代替や補助の手段を使いながら，授業に参加することができる。
　　　　　　②1・2年生の画数の少ない漢字（5画程度）を，覚えて書くことができる。
　　【生活・行動面】①視覚的な手がかりを用いて，やるべきことに注意を向けることができる。

合理的配慮
- 書字について：ICTを活用する。書く内容と量を調整する。教師が代筆をする。
- 注意集中について：座席を前方に置く，視覚的な情報を用いて説明をするなど，注意を向けやすい教室環境を工夫する。
- 指導体制について：校内の通級指導教室と連携し，特性への指導の充実を図る。
- 心理面の安定について：本人の言語能力の強さを活かし，興味・関心が持てるような活動を工夫する。

場	短期目標	指導の手立て・合理的配慮
通常の学級	【学習】 ・学習支援アプリを使って，新出漢字を正しく読んだり形を選んだりできる。 ・記号や単語でプリントに答えを書くことができる。 【行動】 ・予定を見て，やるべきことを理解することができる。	・漢字の全体指導では，電子黒板を活用し，筆順や形の特徴を文字と映像でわかりやすく説明する。習熟の個別学習は，タブレットを使い答えをタッチする方法で学習する。 ・語呂合わせで形を考える方法や，ことば集めや漢字クイズなどを取り入れ，Eの持つ言語力が全体の中で活かせるように工夫する。 ・ワークシートは，答えを丸で囲む，記号や単語を選ぶなど，簡単に書いて表現できるプリント教材を準備する（通級教室と連携）。 ・1時間の学習の流れを提示し，その中でやるべき内容を1つ具体的に決め，できたら印を付けて，やる気を持たせるようにする。 ・教師や支援員の個別の声かけは，本人と一緒に伝え方を相談する。 ・連絡帳は必要な内容を絞って（持ち物や変更事項）書くようにし，毎日見るくせをつける。本人が書きにくさを訴えたときは，支援員が代筆する。連絡帳には，学校でのがんばりや良い姿を一言メモする。
通級指導教室	【学習】 ・パーツを組み合わせて漢字を作ることができる。 ・漢字の一部分を書き足して漢字を完成させることができる。 【行動】 ・10分程度，着席して課題に取り組むことができる。	・イラストを用いて意味を理解できるようにする。また，漢字にまつわるエピソードを取り上げ，漢字に興味を持たせ，意味のある形として意識化させるようにする。 ・簡単で日常的に使う5画程度の漢字や，身近な人の名前の漢字を取り上げ，学習意欲が持てるようにする。 ・組み合わせて漢字を完成させる，漢字のパーツと手本を準備する。完成した漢字はiPadで撮影し，書く活動につないでいく。 ・ビジョントレーニング，点つなぎや間違い探しなどで，眼球運動や視機能，注意力を高める訓練をする。 ・活動の内容と終了時刻を明確にし，1つの活動は10分以内で終わる内容にし，小まめに休憩を入れる。
家庭	【学習】 ・選択式で答える宿題プリントを1枚仕上げることができる。 【行動】 ・母親と一緒に時間割に合わせた準備をすることができる。	・10分程度でやりきれる量の選択式で答えるプリントを事前に通級で練習し，同じものを宿題にし，自分でやりきれるようにする。 ・鉛筆は4Bの以上の濃いものを使う。 ・時間割に合わせた準備は，取り掛かる時刻と場所を固定する。

E-1-6　書字の困難がある小2男子F

　小学校2年生のFは，授業中に書いている手元や書いた文字を隠そうとする様子があった。登校を渋る様子も見られるようになっていたため，心配した担任が保護者へ連絡を取ったところ，保護者も漢字がなかなか覚えられていないことを心配していたということであった。そこで，特別支援教育コーディネーターに相談することになった。

1．実態把握

1）家族構成・家族状況

　父，母，姉（中学生），本児の4人家族。父は会社員で，休日は子どもとよく遊ぶ。母はパート勤務。宿題など家庭での学習は，主に母親が見ている。両親とも教育に熱心な家庭である。

2）生育歴・教育歴

　周産期，異常はなかった。38週で通常分娩。出生時体重3,100g。

　運動発達：首のすわりは3カ月。はいはいの時期は少し早かったが，1歳までつかまり立ちができなかった。始歩1歳2カ月。床に置いてあるボールが掴めなかった。

　言語発達：始語は1歳3カ月「ママ」。その後，ことばの数は順調に増えた。

　社会性の発達：特に指摘されることはなかったが，人見知り，後追いはなかった。

　1歳6カ月児健診，3歳児健診ともに指摘はなかった。

　保育園の頃は1人遊びが多く，他児と積極的に関わる様子はなかった。絵本の読み聞かせは聞くことができていた。年長の頃，飾られた絵は他の子と比べて幼く，上手ではなかった。

3）学級の状況・学級での様子

　学級の雰囲気としては落ち着いている。担任はベテランの先生で，子どもや保護者からの信頼も厚い。学級には他にも学習・行動面のつまずきが目立つ子どもが複数名おり，担任は本児に対して困りはあると理解しつつも，十分な指導ができない状況であった。

4）学力

　授業中は挙手をすることもあり，発言も多いほうである。音読はおおむね流暢にできており，読解問題は得意。ただ，書字では文字や数字の形が整わない様子が目立ち，自分の書いた字やメモが読めないことがある。また漢字を覚えるのが苦手で，テストやプリント等では偏と旁の混乱が見られる。カタカナは，「シ」「ツ」「ミ」などのはらいや傾きの方向をよく間違う。漢字は，母が付き添い何度も書いて長時間練習するが，翌日のテストでは4割ほどしか得点できないことが多い。

　筆算では1の位と10の位をそろえて書くのが難しい。「36－24」を「34－26」と書いてしまうような書き写しの誤りが多い。文章問題から式を考えることはできているが，図形問題で間違うことが多い。定規は力が弱く上手に扱えない。

5）行動・社会性

　周囲の様子にやや気が散りやすいところがある。ルールや約束は守るタイプで，時折友達に厳しく言いすぎてしまうこともあるが，関係は良好である。休み時間は，友達や担任とおしゃべりをして過ごすことが多い。1年生の頃は楽しく学校へ登校していたが，最近，学校に行きたがらない様子が見られるようになってきた。

6）言語・コミュニケーション

　おしゃべりが好きで，担任にも友達にもよく話しかける。その内容からは，ことばをよく知っている様子がうかがわれた。時に一方的になりやすく，自分だけ話し続けることがある。家庭でも母に学校での出来事をよく話す。ただ目の前のことに集中すると返事がないため，何回も声をかけられることがある。発音で気になる様子はない。

7）運動・基本的生活習慣・その他

　運動会などでのかけっこは遅いほうである。ボールを投げるのは全身を使うのではなく，手だけで投げる投げ方で，投げられたボールを受け取ることも上手ではない。

　表現運動の練習に真面目に取り組むが，ぎこちない動きが多い。縄跳びは苦手で，ほとんど跳べない。鉄棒も不得手である。右利き。ハサミは扱えるが，線に沿って切るのは苦手。鍵盤ハーモニカも苦手で，やりたがらない。鉛筆の動かし方はぎこちなさがあり，筆圧も弱い。鉛筆の持ち方や，運筆時の腕の動かし方が独特である。食事中は椅子に座るが，姿勢は安定しない。衣服の前後の間違いや，靴の左右の間違いがよくある。

8）身体・医学面

　視力聴力に指摘を受けたことはない。中耳炎になったこともない。その他の既往歴はない。

　クリニックを受診し，発達性協調運動障害の診断を受けた。

9）興味・強い面・指導に利用できるもの

　本を読むのが好きで，読んだ物語のあらすじをよく話す。テレビのクイズ番組を見て，解答するのが好きである。家庭では親の手伝いをよくする。担任から見た本児の良さは，素直で無邪気とのことだった。

10）校内の体制

　校内には通級指導教室が設置されている。

2. 諸検査結果

1）WISC-IV 知能検査の結果

表 E-1-9　F の WISC-IV 検査結果（CA：8 歳 1 カ月）

全検査・指標得点	合成得点	パーセンタイル	信頼区間（90%）	記述分類
全検査（FSIQ）	94	34	89-100	平均の下～平均
言語理解指標（VCI）	113	81	105-119	平均～平均の上
知覚推理指標（PRI）	87	19	81- 96	平均の下～平均
ワーキングメモリー指標（WMI）	97	42	91-104	平均
処理速度指標（PSI）	81	10	76- 91	低い（境界域）～平均

（1）指標得点間の比較

VCI > PRI　　標準出現率 3.3%　（15% 有意水準）

VCI > WMI　標準出現率 14.2%（15% 有意水準）

VCI > PSI　　標準出現率 3.7%　（15% 有意水準）

PRI < WMI　標準出現率 25.4%（15% 有意水準）

WMI > PSI　標準出現率 17.5%（15% 有意水準）

（2）下位検査間の比較

強い能力（S）:「類似」　　　　標準出現率 5 ～ 10%　　　（15% 有意水準）

　　　　　　　「単語」　　　　標準出現率 5 ～ 10%　　　（15% 有意水準）

弱い能力（W）:「積木模様」　標準出現率 10 ～ 25%　　（15% 有意水準）

　　　　　　　「符号」　　　　標準出現率 10 ～ 25%　　（15% 有意水準）

「類似」>「絵の概念」　　標準出現率 24.3%　　　　（15% 有意水準）

（3）検査時の様子

　所要時間は，途中 5 分ほど休憩を挟み，全 15 検査を 90 分程度で実施した。最後まで投げやりになることはなく，よく指示を聞いて取り組んだ。口頭で答える課題に対しては，「簡単だ」などと言って自信を持って取り組む様子が見られた。使うことばや説明内容は年齢以上のものがあり，作業中は思考過程を口に出しながら取り組むことが多かった。「積木模様」では，比較的簡単な問題から試行錯誤が見られ，いくつかの問題では誤答であっても「できた」と言うことがあった。「符号」では筆圧が弱く，肘を前に出してぎこちなく書く様子が見られた。

2）その他の検査

　フロスティッグ視知覚発達検査の結果（8 歳 1 カ月時）は以下のとおりである。

　　視覚と運動の協応 SS 6，図形と素地 SS 8，形の恒常性 SS 8

空間における位置 SS 7，空間関係 SS 8，知覚指数（PQ）74

※粗点から評価点への換算については，「8歳以上 10歳未満の子どもの場合」（採点法手引）に基づいて算出している。

3．総合的判断

　全般的な知的水準は「平均の下」から「平均」の範囲である。ただし，指標得点間に有意差が見られるため，全検査 IQ の解釈は慎重を要する。

　言語理解指標が他の指標に比べて有意に高い結果となった。本を読むのが好きで読解力もある，おしゃべりで授業中の発言も多いなどの様子は，言語概念形成，言語による推理力・思考力，言語理解力や言語表現力の強さによるものと考えられる。下位検査の比較では「単語」が他の検査よりも有意に高い。本をよく読んでいる，クイズ番組を見て解答するのが好きなどの様子は，言語による習得知識や語彙力の豊かさにもよるものと考えられた。

　処理速度指標が，言語理解指標及びワーキングメモリー指標に比べて有意に低い結果となった。また，フロスティッグ視知覚発達検査でも「視覚と運動の協応」の評価点は 6 点となっている。文字や数字を整えて書けなかったり，定規やハサミ，ボールや縄跳び等の道具の扱いが困難であったりする様子は，視覚−運動協応や筆記技能の弱さによるものと考えられた。

　知覚推理指標も，言語理解指標及びワーキングメモリー指標に比べて有意に低い結果となっている。下位検査の比較では，「積木模様」が他の検査よりも有意に低かった。フロスティッグ視知覚発達検査でも，図形の知覚に関連する諸検査で 7 〜 8 点の低い結果となっている。字形，偏と旁の混乱，筆算の位取りや図形問題の苦手さなどは，空間認知やモデルを模写する力の弱さが影響しているものと推測された。

　同時期に受診した医療機関においても，発達性協調運動障害の診断を受けている。

　以上のことから本児は，知的発達に遅れはないものの，視覚−運動の協応能力や空間認知の弱さなどを主な要因として書字の困難が生じているものと考えられた。入学当初は書字も少なく目立たなかったが，2 年生になって求められる書字量が増え，漢字や図形の構成なども複雑になってきたため，困難がより表面化してきたものと考えられる。

　学習において練習量に見合った達成感が得られず，二次的な問題として，登校渋りも見られるようになってきている。これらの要因を踏まえた支援配慮が急務であると判断された。

4．支援の方針

　上記の本児の特性や判断を踏まえ，通常の学級・家庭・通級指導教室で共通理解をした上で支援や配慮を進めていく必要がある。

- 新出漢字や図形問題等の提示の際は，本児の言語による推理力・思考力や言語理解力の強さを活かし，言語化したり意味づけをしたりして，形を捉える力の弱さを補う。
- 板書の視写やテスト等では，筆記技能の弱さを踏まえ，書く時間を十分確保する。ワークシートやプリントの記入欄を工夫したり，口頭による発表を認めたりすることで，筆記量を調整する。
- 算数のテストやプリントでは，別途，計算用紙（マス目や罫線があり位を揃えやすいも

の）の使用を促す。あるいは，余白に計算できる罫線があるものを用いる。

- 鉛筆や定規，ハサミや縄跳びなどの教材，教具については，視覚－運動協応の力の弱さを踏まえた工夫・配慮を行う。発達性協調運動障害の診断を受けたクリニックの作業療法士と相談しながら，通級では本児に合った道具の使用を促し，通常の学級ではその使用を認める。特にその際，個別に必要な支援や配慮を全体の中で受け入れられるような学級の雰囲気づくりが重要である。
- 漢字を構成するパーツには，カタカナや低学年の漢字が使われているものも多いため，個別の場面では定着していないカタカナや1年生の漢字から習得を図る。
- 書いて練習をする際は，はじめに形のパーツに注目させ，次に形や方向をことばで唱えながら練習するよう促す。大きく書いて練習することが，見やすさやわかりやすさにつながると考えられる。唱えることばや意味づけについては，いくつかの市販のドリルから選んだり，本児と一緒に考えたりする。
- ベースのトレーニングとして，点つなぎ・ペグボード・タングラム等しっかり見るためのトレーニング，文字ではなくクルクル渦巻を書く練習や図形の模写などの運筆トレーニングを，本人のレベルに合わせて少しずつできるようにしていくことが必要である。

E-1-7　宿題に何時間もかかる小1男子G

　小学校1年生のGは宿題に何時間もかかる。音読を嫌がり，2学期になって登校渋りが見られ始めたこともあり，保護者から家庭学習の方法について特別支援教育コーディネーターに相談があった。

1. 実態把握

1）家族構成・家族状況

　父，母，兄（6年生），本児，妹（年長）の5人家族。

　両親は共働きでフルタイム勤務。主に宿題は夕食後に母が見ていることが多い。兄は学級委員をしていて成績も良好。妹は保育園に3歳から入園している。寝る前には両親どちらかが，毎日絵本の読み聞かせをしている。

2）生育歴・教育歴

　周産期，異常なし。39週で出産。

　運動発達：はいはい8カ月，始歩12カ月。

　言語発達：初語12カ月「マンマ」，二語文1歳8カ月。

　社会性の発達：9カ月から「ちょうだい」「バイバイ」の身振りをするようになる。後追い，人見知りあり。乳幼児健診での指摘はなかった。

　保育園では，集団の遊びも楽しみ，ボール遊びや戦隊ごっこ，家族ごっこもできていた。園内で描いた絵などの手紙を送り合うお手紙ごっこは，手紙を書こうとせずに配達役ばかりをしていた。しりとりは，4歳ごろからできるようになった。「イカの反対はカイ」といったことば遊びは，就学直前に2文字がようやくでき始めた程度だった。小学校入学時に，自分の名前が1文字も読めなかったが，名前シールに貼っている車マークで自分の持ち物を判断

していた。

3）学級の状況・学級での様子

　1学年3学級で，ベテランの教師が担任している。特別支援学級に在籍する児童や外国にルーツがある児童も同じクラスで学習しているが，音読や話の聞き方などの学習規律を担任が丁寧に指導している。Gは，宿題の直しがあるために休み時間に遊べないことも多い。

4）学力

　音読が苦手で逐次読みになるが，何度か読むと少しずつスラスラ読めるようになる。家庭では，「目が痛い」と言って読みたがらない。ひらがなの視写はできるが，1字ずつ見て書き写す。筆圧が弱く，字を書くのに時間がかかる。

　授業など，教師の指示は理解できており，発表もよくできる。国語や道徳での登場人物の心情理解もできて，友達の意見を聞いて発表することができる。テストでは，問題文を読み上げると80点程度取れるが，読み上げをしない状態では40点ほどになることもある。返却後，確認すると「そういうことか！」と内容理解ができていることがわかる。

　計算は，繰り上がり繰り下がりの計算で指を使っている。100を10と読み誤ることもあるが，計算は問題なくできる。文章題も読み間違うことによって減点となることがある。発表はできているのに，テストで点が取れていない印象を受ける。

5）行動・社会性

　係の仕事などの当番活動を意欲的に取り組んでいる。穏やかな性格で，近所の小さな子どもにも優しく声をかけ，どんな子どもとも仲良く遊ぶことができる。休み時間は外で友達と鬼ごっこなどをして遊んでいる。「横断歩道では手を上げる」など，教わったことを守ろうとする。

6）言語・コミュニケーション

　幼児期，ことばを聞き間違えてDVDを「ドゥードゥルビー」と言っていた。聞き慣れないことばは，何度も聞き返してくる。会話でことばがとっさに出ずに「あれ」「それ」と言うこともある。

7）運動・基本的生活習慣・その他

　特に運動面で気になることはない。縄跳びや遊具で遊ぶことなどもできている。好き嫌いはほとんどない。給食ではおかわりをよくしている。絵を描くことは好まないが，空き箱などで工作をよくしている。

8）身体・医学面

　アレルギーや既往症はない。

9）興味・強い面・指導に利用できるもの

　絵本の読み聞かせが好きである。アニメが好きで話の内容も理解している。

　なぞり書きや視写は比較的嫌がらずにする。工作も好きで，料理の手伝いもよくしている。

10）校内の体制

　児童数は 430 名程度で，校内に通級指導教室が設置されている。また，通常の学級に教育支援員が 2 名おり，主に低学年の学級で支援を行っている。

2．諸検査結果

1）WISC-IV 知能検査の結果

表E-1-10　G の WISC-IV 検査結果（CA：6 歳 10 カ月）

全検査・指標得点	合成得点	パーセンタイル	信頼区間（90%）	記述分類
全検査（FSIQ）	92	30	87- 98	平均の下～平均
言語理解指標（VCI）	109	73	101-115	平均～平均の上
知覚推理指標（PRI）	98	45	91-105	平均
ワーキングメモリー指標（WMI）	79	8	74- 88	低い～平均の下
処理速度指標（PSI）	83	13	77- 93	低い～平均

（1）指標得点間の比較（15%水準）
　VCI ＞ PRI　（標準出現率 22.6%）
　VCI ＞ WMI（標準出現率 2.4%）
　VCI ＞ PSI　（標準出現率 7.2%）
　PRI ＞ WMI（標準出現率 11.1%）
　PRI ＞ PSI　（標準出現率 20.1%）

（2）下位検査間の比較（15%水準）
　弱い能力（W）：数唱（評価点 6），符号（評価点 6）（標準出現率 10-25%）

（3）検査時の様子（15%水準）
　回答の特徴：回答は簡潔だが，答えるまでに考え込むこともあった。符号，記号探しの後，大きなため息をついていた。数唱では，逆唱の最長スパンが 2 桁。

2）その他の検査
　① PVT-R（絵画語い発達検査）　SS 13
　②フロスティッグ視知覚検査　知覚指数 100
　　視覚と運動の協応 SS 6，図形と素地・形の恒常性 SS 12，空間における位置 SS 10，空間関係 SS 10
　③ STRAW-R（小学生の読み書きスクリーニングテスト）
　　・RAN：− 2 *SD* 以上
　　・ひらがな，カタカナの読み書きは，特殊音節を含むもので誤りが多い。

3．総合的判断

1）WISC-IV 知能検査結果より

①全般的な知的水準は，「平均の下」から「平均」の範囲である。ただし，指標得点間に有意な差がみられるため，全検査 IQ の解釈は慎重を要する。

②言語理解指標と比べて知覚推理指標が有意に低く，視覚－運動協応の弱さが推測される。また，言語理解指標，知覚推理指標と比べてワーキングメモリー指標，処理速度指標が有意に低いことから，聴覚的ワーキングメモリー，注意集中，視覚－運動協応，筆記技能，注意・動機づけ，視覚的短期記憶，視覚刺激を速く正確に処理する力のいずれかが有意に弱い。

③下位検査間の比較より，「数唱」「符号」が有意に低く，聴覚的ワーキングメモリー，注意力集中力，継次処理，筆記技能のいずれかが有意に弱い。

④検査時の様子より，書くことに対する疲れやすさや注意集中の続きにくさがあると考えられる。

2）その他の検査より

① STRAW-R より：ひらがな・カタカナ表記における，長音，拗長音，拗促音ルールが未定着。RAN 課題が遅い。

②フロスティッグ視知覚検査より：視覚と運動の協応の弱さがある。

3）基本障害の推定とその根拠

　本児は，諸検査の結果から知的な遅れはないが，音－文字変換スピードの遅さや音韻認識の弱さに加えて，注意集中の困難さや聴覚的ワーキングメモリーの弱さがみられる。これらは読み書き障害の背景となる特性である。

4．個別の指導計画（または支援の方針・具体的な方法）

表 E-1-11　G の個別の指導計画

	通級指導教室	通常の学級	家庭
長期目標	特殊音節を含むひらがな単語が正しく読み書きできる。 新出漢字などの読めない字は聞いて読み仮名が書ける。 新出漢字などの読み方について，ICT 機器を使って調べることができる。		
短期目標	「はさみ読み」「聞き読」のやり方がわかる※。 長音の表記ルールを理解して正しく書ける。 下敷きなどの筆記補助具を選択できる。	「はさみ読み」で音読ができる。 長音を含む単語を正しく書ける。 授業中の板書が視写できる。	宿題の音読がスラスラできる。 書く課題になぞり書きなどの配慮をして宿題が 45 分以内でできる。

※はさみ読み…文章上の文節を 2 本の指ではさんで，語をまとまりにして読む方法。聞き読…教師や音声教材等による読み上げを聞いて内容を理解する方法。

1）合理的配慮

　筆圧の弱さをカバーする筆記具の使用。学校で使うタブレットに音声教材の再生アプリを入れ，家庭学習でも使えるようにする。

　必要に応じて，ルビつきテストの利用や読み上げの実施。

2）手立て

（1）宿題に何時間もかかることに対して

　音読の宿題については，通級指導教室や通常の学級で行うはさみ読みなどの方法を紹介するだけでなく，「音読カードは，親が子どもの頑張りを褒めてやる気を応援できることを目的として，チェック欄はすべて花丸をつけて励ましてほしい」と保護者に依頼した。

　漢字練習は，フリクション色鉛筆で書いたものをなぞり書きさせる（ドライヤー等の熱で書いたものが消える特性を活用）。Gはなぞり書きは抵抗感なくでき，「自分でできた」と達成感も得られやすい。また注意集中の弱さによる書き誤りや他児になぞり書きを冷やかされることを防ぐことができる。

（2）読むこと，書くことの指導

　通級による指導では，①フラッシュカードやひらがな単語かるたを使ったまとまり読みの練習，②MIMの教材を活用して特殊音節の表記ルールの学習，③ことばを聞いて音の数だけおはじきを並べる，④運筆プリント，⑤○の音のつくことばあつめ，⑥ぬり絵などの学習を行う。弱い筆圧でも書いた字がはっきり見えるように紙やすりを下敷きとして使用する。

　タブレットで音声教材の読み上げや教師の音読を聞いて，読んでいるところを指でなぞらせる「聞き読」，教師の読みを聞いて真似て読む「追い読み」を練習し，音読への意欲が低下しないようにする。また，文節や単語を指で挟んで読む「はさみ読み」を行い，単語のまとまりに気づいて読めるように練習する。

（3）通常の学級での工夫

　はさみ読みや聞き読は通常の学級でも活用する。授業では，「指で読んでいるところを追いかけたい人は本を置いて読んでもいいです」と指示を出して，多様な読み方を認めるような指導を行う。

　ひらがなやカタカナを書く際に文字を思い出しにくいこともあるため，ひらがな表とカタカナ表を筆箱に入れることで，学習時の書くことへの負担感が減らせるようにする。読み上げの支援や宿題の工夫，ひらがな表やカタカナ表の使用については，個別の教育支援計画に明記して，次年度に引き継ぐようにする。

E-1-8　コミュニケーションに自信がなく，学業不振の中1女子H

　中学1年1学期末の個人面談で保護者より学業不振の心配が出され，2学期の生徒面談でH自身も何をどうしたらいいかわからず，漠然と困り感を持っていることがわかり，個別の支援を検討することになった。

1. 実態把握

1) 家族構成・家族状況

父，母，弟（5歳），本児の4人家族

2) 生育歴・教育歴

周産期，異常なし。

運動発達：乳幼児期について母親の記憶が不十分で情報なし。小学校入学後運動面で多少苦手意識を持っているが大きく問題になることはなかった。

言語発達：乳幼児期についての母親の記憶が不十分で情報なし。小学校入学後，学級内のことばのやりとりで問題は特に感じられなかった。

社会性の発達：保育園の時期に登園渋りや子ども同士の関わりが少ない，大人に寄ってくることが多いなどが指摘されていた。家庭の状況が不安定だったことを背景として起きているのではないかと捉えられていた。

小学校では，1年生では登校渋りが多く，本児の能力の問題や，家庭支援の充実などが検討された。家庭の支援を行ったことで，徐々に登校は安定していった。小学校は1学年2クラスの小規模校で1学級は20人程度であり，担任の目が行き届く状況が続いた。子ども同士の関係も大きな変動はなく，それぞれが互いを理解してトラブルが起きることはほとんどなかった。集団参加では消極的で，何も言えずに固まってしまうことが高学年になっても見られた。

中学校は3つの小学校から生徒が集まり，1学年5クラス編成となった。小中引継ぎの情報により配慮され，Hは小学校で特に仲のよかった女子生徒と同じクラスになり，この関係を支えとして心理的安定が図られていた。

中学校では安定して登校し，1年2学期まで無遅刻無欠席である。

3) 学級の状況・学級での様子

中学校は全体的に指導が行き届き落ち着いた雰囲気である。生徒同士の話し合いや生徒のリーダーシップによる活動も充実しており，学年を追って内容が深まっている。

Hは，学校生活のいろいろな場面で，ほぼ流れに沿った行動が取れている。

部活動は仲の良い友達と一緒の美術部に入り，週2回，比較的ゆったりとした部活動をしている。

4) 学力

授業中はよく集中して学習できており，板書を丁寧にノートに写している。文字も丁寧で色分けなどを工夫し綺麗なノートになっている。しかし，授業や生徒同士のやりとりなどで積極的に発言することはあまりなく，話の流れを理解できていないような様子が見られることもある。話し合い活動では消極的で，自らの意見を言うよりも同意したり了解したりする発言にとどまることが多い。

自分で調べて進めたり，実習を伴ったりする授業のときに，活動の指示がきちんと捉えきれずに，周りを見て合わせて動いている様子も見られた。

定期テストの成績は国数英理社の5教科の偏差値が40（平均50，1 *SD* 10）くらいである。1学期期末テストでは理科と社会の点数が低く，本人も問題を感じていた。定期テスト前には，テストに向けての復習で何をやったらいいのかわからず，提出しなければならない課題をやりきることで精一杯の状態である。計算の基礎や，読み書きに関しては小学校高学年の内容はおおよそできているようだが，習熟が不十分で，時間がかかる。

5）行動・社会性

中学校では知らない友達の多い学級のため，当初から消極的で，慎重に行動することが多かった。周りの流れに沿って動くことはできているので目立つことはないが，行事の実行委員を決める際に立候補者が出ずに膠着したときに立候補し，周囲が違和感を持つことがあった。授業中の発言はほとんどないが，理科の授業で，自分の知っていることに関して唐突な感じで積極的に発言することがあり，周囲がびっくりするようなことがあった。小学校以来の仲の良い友人と一緒にいることが多く，交友関係の広がりはほとんどない。学級の班活動などは決められた役割をきちんと果たしている。

6）言語・コミュニケーション

特定の仲の良い友達とは，休み時間など盛んにおしゃべりをしている様子が見られるが，それ以外では，いつも声が小さく，場面によってはどう言っていいかわからず黙ってしまうようなこともある。必要最低限の応答では問題はなく，男女にかかわらず生徒同士のやりとりはスムーズにできている。教員とのやりとりの中で基本的な敬語が使えないことや，社会生活の常識を知らないなど，年齢相応の語彙力がないことを感じさせることがあった。

7）運動・基本的生活習慣・その他

大縄跳びではクラスの一員としてできており，体育の授業でも特に問題はない。
プリント類など教材の管理や提出物などで，不十分なことが多々みられる。登校は余裕がないことが多いが，遅刻にはなっていない。

8）身体・医学面

特になし。

9）興味・強い面・指導に利用できるもの

学校生活全般で大きく外れる場面はなく，集団の流れに沿って動けている。教員とのやりとりで指導に素直に従い，言われたことについて真面目に取り組む姿勢がある。

10）校内の体制

校内に通級指導教室があり，就学支援委員会で通級が必要と判断されれば，指導を受けることができる。

2. 諸検査結果

1）WISC-IV 知能検査の結果

表 E-1-12 H の WISC-IV 検査結果（CA：13歳4カ月）

全検査・指標得点	合成得点	パーセンタイル	信頼区間（90%）	記述分類
全検査（FSIQ）	93	37	88- 99	平均の下～平均
言語理解指標（VCI）	103	58	96-109	平均
知覚推理指標（PRI）	89	23	83- 97	平均の下～平均
ワーキングメモリー指標（WMI）	103	58	96-109	平均
処理速度指標（PSI）	83	13	77- 93	低い～平均

（1）指標得点間の比較（15%水準）

VCI＞PRI（標準出現率17.4%）

VCI＞PSI（標準出現率11.9%）

PRI＜WMI（標準出現率19.2%）

WMI＞PSI（標準出現率12.5%）

（2）下位検査間の比較

下位検査間の比較では，有意差のある項目はなかった。

（3）検査時の様子

- 「積木」で，行き詰まったときに考え方を変えることはなかなかできなかった。
- 「符号」で，記入の仕方がとても丁寧だった。
- 「類似」「理解」では，自信がなさそうではあったが，いろいろと答えていた。得点にはなっているが，回答の語彙が年齢相当よりやや幼かった。
- 「知識」の社会科的な問題で連続して不正解。

3. 総合的判断

WISC-IV の結果より，全般的な知的水準は「平均の下」から「平均」の範囲である。ただし，指標得点間に有意差がみられるため，全検査 IQ の解釈は慎重に行う必要がある。

検査時の様子より，言語理解力の弱さや柔軟性の乏しさ（検査者の例示から，課題のやり方を学び取ることが難しい）があると考えられる。

検査結果から知的な遅れはないが，全体的な状況の把握，思考の柔軟性の弱さが見られる。

また，状況を把握する力の弱さに加えて，語彙の少なさ，それらによる自信のなさなどにより，主体性の弱さが見られる。

中学校生活への適応には大きな問題が見られないが，社会的な判断力やコミュニケーションの力の弱さがあり，支援が必要である。

4. 個別の指導計画（または支援の方針・具体的な方法）

1）長期目標：（中学校卒業に向けての目標）

①授業や学校の集団生活などの場面で，情報の取り入れや発信などが場に応じてできるようになる

②自分の得意不得意を自覚し，うまくいかないことについて，適切な人に相談したり援助を求めたりすることができる

2）短期目標：（中学校1年後半から2年での目標）

①定期テストに向けて的確な内容で計画的な家庭学習をすることができる

方法：通級指導教室と通常の学級の担任との連携／テスト前学習の計画の充実

内容：［生活時間］テスト前2週間の，生活全体の時間配分を計画する。計画表の作成を通して時間の流れの見通しを持つとともに，自分の生活のあり方について改善しようとする姿勢を持つ。

　　　［学習すべき内容の把握］試験範囲表で示されるものを理解して把握し，自分がやらなければならない内容と分量について具体的に理解する。

　　　［的確な学習方法の理解］教科ごとに担当教員に質問したり，認知特性に応じた工夫の助言を受けたりし，教科ごとの効果的な学習法を獲得する。

　　　［振り返り］試験終了後，返却された答案，成績をもとに，事前の学習の成果や不足していたこと，及びその期間の学習を中心とした生活のあり方について振り返り，次回につなげる。

②他者との交流への安心感を持ち，コミュニケーションの基礎力をつける

方法：通級指導教室での指導／小集団でのコミュニケーション活動

内容：通級指導教室の小集団活動においてコミュニケーションに対する積極性を育てる。安心して人と関われる場を作り，経験を重ねて，コミュニケーションを取ろうとする意欲を高める。

内容例：リラックスして自己表出したり，意見を言ったりするゲームの実施。共通して楽しめるゲームについてルールを共通理解して文書にまとめる（ルールブックづくり）。中学校生活の問題について解決法を話し合う中で，自分の課題に迫る。

③問題解決へ向けて，相談しながら，自分で動いて支援を受ける

方法：通級指導教室と教科担当教員の連携した指導／テスト前学習の方法の改善

内容：自分の苦手さを受け止め前向きに解決していくには，適切に支援を利用する姿勢が必要である。通級指導教室の個別指導で自分の学習方法の課題を掴み，自分から教科担当教員に支援を求めることができるようにする。

④学校生活の節目における振り返りにおいて自分の特性や課題について理解を深める

方法：通級指導教室と通常の学級の担任の連携した指導

内容：各学期末や大きな行事の後などに，通常の学級での指導として，作文やワークシートの形で振り返りを行う。通級指導教室の指導では，自己肯定感の向上をねらう。卒業に向けての時期には，移行支援も意識して取り組む。

E-1-9　自信が持てない中 1 男子 J

　中学校 1 年生の J は，小学校入学時から読み書きの習得に困難が見られた。在籍する小学校は 1 年生のときから学級が落ち着かない状況が続いた。保護者は何度か担任に読み書きの苦手さについて相談していたが，J が授業中静かに座っていることや，課題に対して真面目に取り組んでいることから「様子を見ましょう」と言われ続けた。おとなしい性格で，自分の気持ちを相手に伝えることも苦手である。クラスでは大きなトラブルはないが，特定の仲の良い友人もいない。休み時間は授業中に書き切れなかった板書の視写を続けていることが多かった。5 年生になると休み時間を過ぎても黒板を写しきれない，頑張って勉強してもテストで点数が取れないことが続き，心身の不調を訴えるようになった。そこで保護者から特別支援教育コーディネーターに相談があった。市の発達障害者支援センターの勧めもあり，近隣小学校にある通級指導教室に通い始めた。中学校入学後も近隣中学校の通級指導教室を利用しながら中学校生活を送っている。

1.　実態把握

1）家族構成・家族状況

- 父，母，兄（高校生），本児の 4 人家族
- 父親は自営業で，深夜まで仕事をしているため，J と関わる時間は少ない。
- 母親はフルタイムで働いているが，子どもたちの支援のために時間のやりくりをしている。学校に対しても協力的である。
- J の読み書きの困難については両親ともに理解している。それを補うために iPad を購入するなど積極的に支援してくれる。
- 兄が不登校のため，J も不登校になってしまうのではないかと両親は心配している。

2）生育歴・教育歴

- 周産期，異常なし。
- 運動発達：初歩は 11 カ月。健診等で課題を指摘されたことはない。
- 言語発達：ことばの遅れはなかった。左右はなかなか覚えられずよく間違えた。
- 1 歳 6 カ月児健診，3 歳児健診等で発達の遅れを指摘されたことは一度もない。
- 保育園では友達に囲まれ，穏やかに楽しく過ごしていた。工作は苦手であった。
- 小学校 5 年生から，他学区の小学校に設置されている LD・ADHD 等通級指導教室で週 1 回，通級による指導を受けていた。

3）学級の状況・学級での様子

（1）小学校

- 1 年生時から学級崩壊の状態が続いていたが，周りの児童に流されることなく，マイペースで穏やかに生活していた。
- 人の嫌がることを言ったりやったりせず，黙々とやるべきことをしているため「真面目な良い子」という印象が強かった。他者からいじめられることもなかった。

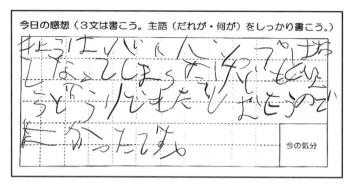

今日の感想（3文は書こう。主語（だれが・何が）をしっかり書こう。）

今の気分

図 E-1-4　Jの中学校通級開始当時の学習振り返りシート

- なかなか字を覚えられないことを心配し，毎日母親が付きっきりで教えた。
- 作文は苦手で，何を書いたらいいか悩んで書けない。書いた文章はほとんどひらがなである。
- 書いた字は字形が整わず判読が難しい。
- 家庭学習では泣きながら漢字練習をしてテストに臨むこともあった。覚えても次の日には忘れてしまい，点数に結びつかない。
- 板書のカメラ撮影が認められ，iPadで板書を撮影していた。

（2）中学校
- 当番活動や委員会等の係活動は人一倍真面目に行っている。
- 「無理をさせたくない」「勉強についていけない状態で部活動をしながらの家庭学習は難しい」という判断から部活動に入部していない。
- 授業中に指名されても，うつむいて答えられないことが多い。
- 休み時間や移動教室はひとりで過ごすことが多い。
- 板書は頑張って書き写しているが，図やグラフの書き写しは難しく，その場合はiPadで撮影している。そのノートや撮影した板書を家庭学習で使うことはない。

4）学力
- 週末課題の漢字テストはほぼ0点である。
- 定期考査や実力考査は配慮なしで教室で受験している。テストの成績は5教科で100点台と下位群に属する。教科の差はほとんどない。
- 教師の説明やビデオ教材などの内容は理解できる。学校での授業で興味を持ったことについて，家庭で母親に楽しそうに話している。しかし，テストでは点数が取れない。
- 漢字で書かないために減点されたり，採点者が判読できない字で書くために正答であるにもかかわらず誤答にされてしまったりする（図E-1-4参照）。

5）行動・社会性
- 礼儀正しく，TPOに応じた言動が取れる。

- 真面目で穏やかな性格から誰からも嫌われない。グループ活動では発言することはないがグループの一員として活動できる。
- 社会規範に反するようなことは，一切しない。

6）言語・コミュニケーション

- 構音障害，吃音など会話を難しくする要因は見当たらない。
- 2択程度に選択肢を絞って質問すると意思や考えを表出しやすい。
- 自分から同級生に声をかけることはできない。

7）運動・基本的生活習慣・その他

- 小学校まで器械体操を習っていて，運動は好きである。
- 走る・跳ぶなど粗大運動に課題は見られない。
- 手先は不器用。リコーダー，コンパスなど道具を使うことに苦手さが見られる。
- 左右を間違うことがあり，集団行動で注意されることがある。
- 基本的生活習慣がしっかりしていて，自分のことは基本的に自分でしっかりできる。
- 時計を見ながら計画的に行動することができる。

8）身体・医学面

- 遠視のためメガネを使用。
- 蛍光灯がチカチカして目が疲れる，白い紙に書かれた字はまぶしくて見にくいと訴えている。
- ストレスが高くなると，チック症状が出る。

9）興味・強い面・指導に利用できるもの

- 運動は全般的に好きである。特にマット運動では手本として先生から指名されることがある。
- 休みの日は，パソコンで YouTube を視聴したり，ネット検索で興味のあることについて調べたりして過ごしている。
- ローマ字入力がスムーズに行える。
- 仮面ライダーが大好きで豊富な知識を持っている。

10）校内の体制

- 他学区の中学校に設置されている LD・ADHD 等通級指導教室で週 1 回，指導を受けている。通級指導教室は，iPad を使ったノートテイクの方法や，ワークブックや作文のテキスト入力の練習している。
- 授業中の個人の iPad 使用が市教育委員会から認められている。

2. 諸検査結果

1）WISC-IV 知能検査の結果

表 E-1-13　J の WISC-IV 検査結果（CA：11 歳 9 カ月）

全検査・指標得点	合成得点	パーセンタイル	信頼区間（90%）	記述分類
全検査（FSIQ）	96	39	91-101	平均
言語理解指標（VCI）	109	73	101-115	平均〜平均の上
知覚推理指標（PRI）	87	19	81-96	平均の下〜平均
ワーキングメモリー指標（WMI）	91	27	85-99	平均の下〜平均
処理速度指標（PSI）	99	47	91-107	平均

（1）指標得点間の比較（15% 水準）

VCI ＞ PRI　（標準出現率 6.6%）

VCI ＞ WMI（標準出現率 11.2%）

PRI ＜ PSI　（標準出現率 24.1%）

（2）下位検査間の比較（15% 有意水準）

強い能力（S）：「類似」（標準出現率 ＜ 1%）

（3）検査時の様子

　各検査において，どの検査も最後まで諦めずに取り組んでいた。途中で集中が途切れることはないが，鉛筆を使う検査では，時折手を振ったり，終わった後に疲れた様子が窺えた。図を見て答える問題は，何度も確認してから回答する。口頭で答える問題は語尾に「です」と付け，丁寧に答える。

2）KABC-II 検査の結果

　KABC-II は習得尺度のみ実施した。結果は表 E-1-14 に示す。

表 E-1-14　J の KABC-II 検査結果（CA：12 歳 6 カ月）

習得尺度	標準得点	パーセンタイル	信頼区間（90%）	記述分類
習得総合尺度	76	5.5	73-80	低い
語彙尺度	88	21.2	82-94	平均の下〜平均
読み尺度	82	11.5	76-89	低い〜平均の下
書き尺度	70	2.3	64-79	非常に低い〜低い
算数尺度	79	8.1	74-85	低い〜平均の下

3. 総合的判断

　WISC-IV の結果は全検査 IQ 96 で全般的な知的発達水準は「平均」の範囲である。ただし，指標得点間に有意差が見られるため，解釈は慎重に行う必要がある。言語理解指標はワー

キングメモリー指標と比べ有意に高く，知覚推理指標と比べ有意かつ顕著に高い。このことから，言語概念形成，言語による推理力，思考力，言語による習得知識のいずれかが有意かつ顕著に強い。

　KABC-IIの結果を見ると，Jは知的水準に見合う基礎的学力が身についていないといえる。習得尺度において，語彙尺度がほぼ平均であることに比べ，算数尺度，書き尺度が低い。

　Jは授業で教師の話を興味深く聞き取り，母親にその内容を伝えており，日常的にインターネットなどから興味のある内容を調べている。これらは言語理解の高さを示している。一方で，「漢字が覚えられない」「書字が整わない」「道具の利用が苦手である」と訴えており，記憶の困難さや空間認知の弱さ，協応運動の苦手さがあると推測される。これらのことから，簡単な記号やすでに覚えている字（ひらがななど）はすらすらと書けるが，画数の多い漢字や複雑な図形の書き写しには時間がかかってしまうことが予想される。不器用さも見られることから，ICTなど道具の活用によって板書の書き写しなどの困難を軽減する手立ても考慮に入れる必要を感じる。また，計算の手順を言語化して提示する，口頭での説明や動画視聴などJの特性に応じた学習方略を用いた指導を行う必要がある。

4. 個別の指導計画（表E-1-15）

　　　　　長期目標：苦手を補う方法を身につけ，自信を持って生活できる。
　　　　　短期目標：① iPadを使った検索やテキスト入力などの操作が一人でできるように
　　　　　　　　　　　なる。
　　　　　　　　　　② iPadやChromebookを学習に使えるようになる。
　　　　　合理的配慮：板書のiPadでの撮影を許可。
　　　　　　　　　　　作文や新聞をテキスト入力で作成することを許可。

表 E-1-15　J の個別の指導計画

令和　　年　月　日 作成

ふりがな 氏　名	J	在籍学校 担任		中学校 先生
		通級指導担当者		
障害名		諸検査	WISC-IV　FSIQ 96 VCI 109　PRI 87　WMI 91　PSI 99 KABC-II 習得総合 76　語彙尺度 88　読み尺度 82 書き尺度 70　算数尺度 79	

学習・ 行動上の つまづき	• 書字の困難 • 自分の気持ちを表出するのが苦手
相談歴	発達障害者支援センター

ニーズ	本人	担任	保護者
	勉強ができるようになりたい	自分に合った学習方法でがんばってほしい	楽しく学校に通って欲しい

長期目標	苦手を補う方法を身につけ，自信を持って生活できる
短期目標	iPad を使った検索やテキスト入力などの操作が一人でできるようになる
	iPad や Chromebook を学習に使えるようになる

指導内容	手立て
• テキスト入力時に候補の漢字から正しい漢字を選ばせる。 • 書字の困難を補う方法を練習する。 • アプリを利用し，学習内容の定着を図る。 • 会話や作文を使って，自分の気持ちを相手に伝える経験を積ませる。	• GoodNotes にワークやプリントを取り込み，テキスト入力で答えを記入させる。 • Google などの検索エンジンを使い，調べて解決する経験を積ませる。 • iPad や Chromebook の 2 画面表示を利用して調べながら課題を仕上げさせる。 • 「筆順辞典」「わたしの読み上げ暗記帳」「漢字書き取り練習」「AC FLIP」などの利用。 • 歴代仮面ライダーについてや，好きな技などについて話をさせたり，プレゼンテーションソフトを使って紹介させる。

E-1-10　授業中に集中力が続かない中 2 女子 K

　中学校 2 年生の K は学習に集中して取り組むことが苦手である。集中が切れると姿勢が崩れ，離席する。英単語の綴りを覚えることが苦手であり，数学では計算ミスが多い。中学校 1 年生の 9 月に，保護者から「学習面への不安と学校内での生活が心配」と通級指導教室担当である特別支援教育コーディネーターに相談があった。

1．実態把握

1）家族構成・家族状況

　父，母，本児の 3 人家族。両親共働き。母親は教育に関心が高い。父親も協力的。祖母も定期テスト前に学習支援をするなど協力的である。

2）生育歴・教育歴

〈周産期〉異常なし。

〈出生時〉体重 3,795g，身長 50.1cm

〈身体の発育〉首のすわり（2 カ月），歯のはえ始め（7 カ月），ひとり座り（7 カ月），は
　　　　　　い始め（7 カ月），つかまり立ち（7 カ月），歩き始め（9 カ月）

〈言語発達〉初語（1 歳 2 カ月）「ママ」，二語文（1 歳 10 カ月）

〈社会性の発達〉2 歳頃，落ち着きがなく集中力が続きづらいことに母親が気づく。人見
　　　　　　　知りはなく，性別，年齢に関係なく人なつっこく誰にでも声をかける。
　　　　　　　すぐに仲良くなる。

1 歳 6 カ月児健診・3 歳児健診ともに特に指摘はなかった。

公立保育所に 1 歳から通所。室内の設定保育の時間でも遊具が目に入ると外に行ってし
まう。

小学校は各学年 2 クラスの小規模の学校。小学校入学後は離席と衝動的な発言が目立ち，
1 年生時よりサポーターがついて学習した。持ち物の整理が苦手。板書を写す際，文字を枠
内に書くことや最後まで写すことができなかった。5・6 年生のとき，離席は減ったが，集
中して授業を受けること，書くことが苦手，整理整頓などの課題が残った。小学校 4 年生よ
り市の教育センターで心理相談。

3）学級の状況・学級での様子

1 学年 6 学級あり，K と相性の良い若手の教員が担任をしている。授業中，姿勢が保てな
いこと，集中が続かないことで離席してしまうことがある。離席が多い教科は数学と英語。
また，思ったことをすぐ口にし，人を傷つける発言がある。その他，自分のロッカーに荷物
を入れず教室内に散乱していても平気である。忘れ物が多い。給食の時間におかわりをしす
ぎて食べきれなくなることもある。発言力があるため，行事等ではクラスメイトから頼られ
る場面もある。

4）学力

1 年生 11 月の期末テストでは平均点を取れる教科が 3 教科あった。苦手な数学はケアレ
スミスがあり，10 点台。英語のテストは 40 点前後取れていた。しかし，普段の授業中に行
われる単語テストでは 10 問中 1 〜 2 問ぐらいしか正解しない。国語では読解できるが，音
読の際は漢字の読み間違い，読み飛ばしがある。書字は，乱雑なときと丁寧に書くときがあ
る。作文は文を構成することが難しく，漢字が使えない。計算は手順が増えると正確にでき
ない。個別の場面だとできる。

5）行動・社会性

話し声や物音，景色などに注意がそれやすい。課題を計画的に最後までやることができな
い。配付資料などもなくす。昨日の出来事を覚えていないときもある。学校外ではバスケッ
トボールのチーム，ダンスレッスンなどの習い事を通じて，仲のいい友達もたくさんいる。

6）言語・コミュニケーション

　多弁である。自分の思いを表現することが好きで説得力のある話ができる。しかし，人の話を聞くことが苦手で，授業中の指示や約束などを勘違いしたり，聞き漏らすこと，聞き返すことがある。

7）運動・基本的生活習慣・その他

　体が非常に柔らかい。体幹やジャンプする力が弱いが，バスケットボールの試合では活躍している。左利きで，ペンやハサミを使いにくそうにすることがあるが，活動に差し支えない。自分で病院の予約を入れて，電車に乗って通院することや調理ができ，自立できていることも多い。

8）身体・医学面

　登校渋りがあり，首や肩の痛みをよく訴える。学校生活の状況により，食事量の増減や睡眠に影響することがある。

9）興味・強い面・指導に利用できるもの

　話すことが得意で人前で発表することが好き。学校外での社会経験も豊富で大人と話が合う。見本になってくれる人，はっきりと具体的に注意してくれる人を慕う。

10）校内の体制

- 学年会議・生活指導委員会で生徒に関する情報共有を行っている。
- 学期に1回の校内委員会を実施している。
- 通級指導教室拠点校。

2．諸検査結果

1）WISC-IV 知能検査の結果

表 E-1-16　K の WISC-IV 検査結果（CA：13歳8カ月）

全検査・指標得点	合成得点	パーセンタイル	信頼区間（90%）	記述分類
全検査（FSIQ）	102	55	97-107	平均
言語理解指標（VCI）	109	73	101-115	平均～平均の上
知覚推理指標（PRI）	106	66	98-113	平均～平均の上
ワーキングメモリー指標（WMI）	85	16	80- 93	平均の下～平均
処理速度指標（PSI）	99	47	91-107	平均

（1）指標得点間の比較（15%水準）

VCI ＝ PRI

VCI ＞ WMI（標準出現率5.4%）

VCI ＝ PSI

PRI ＞ WMI（標準出現率9.3%）

PRI ＝ PSI

WMI ＜ PSI（標準出現率 20%）

（2）下位検査（15%水準）

強い能力（S）：単語（評価点 14，標準出現率 5-10%）

　　　　　　　　行列推理（評価点 14，標準出現率 10-25%）

弱い能力（W）：語音整列（評価点 7，標準出現率 10-25%）

（3）検査時の様子及び回答の特徴

　検査には協力的であり，真剣に取り組んでいた。しかし，常に体がソワソワ動いている。また，「語音整列」では前の問題に出てきた数字やひらがなが，回答に混じっていた。「記号探し」では 1 ページにつき 3 から 4 個の誤答があった。「絵の概念」では提示されている絵のさまざまな特徴が気になり集中して取り組めなかった。

2）その他の検査

（1）標準読み書きスクリーニング検査（STRAW-R）　CA：12 歳 11 カ月

　「RAN 課題」・「速読単語ひらがな」　－1 *SD*,

　「速読非語ひらがな」・「速読非語カタカナ」　－1.5 *SD*

　「126 語音読」・「漢字単語音読」・「漢字単語書取」は平均の範囲内であった。

　まとまりを意識して読むことが苦手。

（2）感覚・動作アセスメント　CA：13 歳 1 カ月

- 特定の感覚刺激が苦手。
- 動きの抑制が苦手。
- 靴下や靴が苦手。
- 人との接触を好む。

3. 総合的判断

1）WISC-IV 知能検査結果より

　①全般的な知的水準は「平均」の範囲である。ただし指標得点間に有意差があるため全検査 IQ の解釈は慎重を要する。

　②指標得点間の比較より，ワーキングメモリー指標が言語理解指標・知覚推理指標に対して有意かつ顕著に低い。また，処理速度指標に対しても有意に低い。このことから聴覚的ワーキングメモリー，注意集中のいずれかが有意かつ顕著に弱い。

　③下位検査間の比較より，「語音整列」が有意に低く，注意力・集中力，聴覚的ワーキングメモリー，継次処理のいずれかが有意に弱い。また，「単語」が有意かつ顕著に高く，言語理解力，言語表現力，語彙力のいずれかが有意かつ顕著に強い。「行列推理」が有意に高く，非言語性の流動性能力が有意に強い。

　④検査時の様子より注意力・集中力（今やるべき課題に向かえない・体が常に動いている）の弱さがあると考えられる。

2）標準読み書きスクリーニング検査（STRAW-R）より

　無意味語に関しては，区切りやまとまりを意識できず一文字ずつ読んでいたため，読みが流暢ではないと考えられる。

3）感覚・動作アセスメントより

　特定の感覚刺激，姿勢保持，動きの抑制が苦手。運動スキルを高めるための支援・姿勢保持への支援・片付け時間の設定が必要であると示された。

4）基本障害の推定とその根拠

　Kは諸検査の結果から知的な遅れはないが，注意力・集中力の弱さが顕著にみられた。また，エピソードの特徴からもADHDの行動特性を有していると考えられる。DSM-5に照らし合わせると不注意症状及び多動性・衝動性症状いずれも6つ以上の症候がみられる混合型と推測することができる。

4．個別の指導計画（または支援の方針・具体的な方法）

1）基礎的環境整備と合理的配慮

　Kが授業に集中して取り組むためには特性に応じた環境調整が必要である。以下の5点を学校全体の取組とした。①授業の目標と活動内容の可視化，②板書の色使いと書き方の統一，③タイムタイマーを全教室で配置，④簡潔でわかりやすい指示，⑤電子掲示板での翌日の準備連絡。さらに，Kの特性に配慮した合理的配慮を5点行った。①見える収納箱の設置，②視界にたくさんの人が入らない，見える収納が置ける窓側の座席の確保，③ノートは授業後すぐに評価，④ノートの代用として，タブレット端末内のOneNoteの利用許可，⑤座位保持グッズの教室内での利用。

2）通級による指導（週2回2時間は個別指導，月1回は小集団指導，中1の10月より指導開始）

　　①環境面の調整として，裸足で足元に人工芝を敷いた状態で学習することやバランスボールに座って学習することを自分で判断する。
　　②身体の時間として，リズムジャンプ，バランスボールなど体を使った活動に取り組んだ。
　　③心の時間として，頑張ったこと，困っていることを話す時間を設けた。目標のチェックシートに記入し，学級での取組を振り返り，なぜうまくいったか，いかなかったのか，次はどうすればいいのかを考える時間を設定した。
　　④学びの時間として，聞くスキルの向上，数学・英語・作文は，書字の負担を減らした学習を行った。フォニックスのルールを学び，タブレット端末を利用した英単語の綴りの学習や，作文の下書きとしてマインドマップの活用を行った。
　　⑤集団での活動はカードゲームを通じて相手に気遣った発言をする取組を実施した。

　担任，学年教員，通級指導担当は普段から共通理解を図り，できるようになったことや特性についてKと話す機会を持った。

表 E-1-17　K の個別の指導計画

	通級指導教室	通常の学級	家庭
長期目標	• 予習をして数学の授業に臨み，最後まで授業に参加できる。 • 英単語のテストで半分程度の単語を正しく書くことができる。 • クラスでの約束事（①授業準備，②困ったときに先生に言う，③給食時のおかわりのラストオーダー時間）を守ることができる。		
短期目標	• 数学の問題の解き方（動画）を観て理解することができる。 • フォニックスのトリッキーワードを多感覚で覚えることができる。 • クラスの約束を守るため，今週を振り返り，次週の重点目標を設定することができる。	• 授業に最後まで取り組むことができる。 • 英単語のテストで習ったフォニックスのルールが当てはまる単語を書くことができる。 • 通級で作った目標と約束を月曜日の朝に確認する。	• 携帯電話，テレビが近くにない環境で 1 日 20 分間，学校の準備と課題に取り組むことができる。 • 目標チェックを保護者に見せることができる。

　なお，この事例については，中学校 2 年生の 8 月にクリニックで ADHD の診断を受け，投薬が始まった。それ以降，離席は減った。薬の自己管理をしているが，飲み忘れることもよくある。

　保護者，医師，教育センターとの連携，情報共有は常時可能な関係である。

E-1-11　学習に取り組もうとしない中 2 男子 L

　中学校 2 年生の L は学習到達度が低く，授業中に何もしない，家庭学習に取り組まない，勉強できない自分を否定する言動などが問題となり，学級担任及び保護者から特別支援教育コーディネーターに相談があった。

1. 実態把握

1）家族構成・家族状況

• 父，母，姉（大学生），本人の 4 人家族。
• 父は仕事で忙しく，朝早く家を出て夜遅く帰宅する。主たる養育者である母は，平日にパートタイムの仕事をしている。姉は大学に通っており，サークル活動などで家にいる時間は少ない。中学校の部活動のない休日は，本人と父でサイクリングをするなどして過ごすことが多い。

2）生育歴・教育歴

周産期：
• 異常なし。

運動発達：
• 健診などで指摘されたことはない。

- 左利き。
- 手先は器用でも不器用でもない。粘土やプラモデルで作品を作ることが好き。
- 運動は少し苦手だが目立つほどではない。

言語発達：

- 初語は１歳後半，二語文は２歳半ばであり，少し遅めだった。その後は年齢相応の発達が見られた。

社会性の発達：

- ３歳児健診で，視線が合いにくい，声をかけても反応が少ないことを指摘された。
- 小さい頃からこだわりが強く，出かけるときになってもミニカーを並べていて，やめさせようとすると癇癪を起こすので予定を変更せざるをえないことが何回もあった。
- 幼稚園では周りの子が一緒に遊んでいても，１人だけ砂場にいて何か作ることに没頭していることが多かった。運動会やお遊戯会には参加できていた。
- 小学校入学後は行事などに一生懸命取り組む様子が見られたが，集団に所属する意識は他の児童よりも少ないように感じられた。休み時間は数人の友達と過ごすか，１人で「練り消し」を作るなどしている姿が見られた。高学年になると，自分の気の合う仲間数人と休み時間にボール遊びをする姿が見られた。

教育歴：

- 小学校３〜５年生まで通級指導教室に通っていた。
- 小学校５年生の時，「みんなと違う場所に行くのが嫌だ」と言い，通級指導教室に行かなくなった。
- 小学校６年生の時，特別支援学級の見学を勧められたが，Ｌが拒否したため見学できなかった。

3）学級の状況・学級での様子

- 学級の雰囲気は落ち着いており，仲間を大切にする雰囲気ができている。いじめなどもない。
- 友人関係で大きなトラブルなどを起こしたことはない。
- 係や委員会など，決められた役割はしっかり果たすことができる。
- 学習についての話になると途端に表情が暗くなる。
- 昼休みは限られたメンバー数人でグラウンドに出て，キャッチボールをしている。

4）学力

- 中学校１年生時の国語，社会，数学，理科，英語の評定は１だった。
- 字形が崩れている。書字に時間がかかり，授業中に黒板に書いてあることを写しきれない。
- 授業中にわからないことがあると固まってしまい，何もしなくなる。
- 授業中，短時間であれば意欲的に取り組むこともある。

国語

- 漢字の読みは学年相当，書きは小学校中学年の漢字でも間違って覚えているものがある。
- 音読に大きな困難はない。

- 作文では事実についてならば書くことができるが，自分の気持ちを表現することが難しい。

数学
- 基本的な四則演算はできる。
- 計算の仕方など，一度習得しても時間が経つと方法を忘れてしまう。
- 図形の問題，文章題はやりたがらない。
- パターン化された問題は解けるが，少し形式が異なる出題のされ方をすると対応できないことが多い。

英語
- アルファベットのｂとｄを間違えていたが，覚え方を教えてもらって区別できるようになった。
- 授業のはじめに行っている小テスト（決まった単語10問）では毎回半分以上は正解している。
- 文法や長文はやる気がないのか，ほとんど取り組まない。

その他
- 美術：作業は好きだが，何を描いたり作ったりするかを決めるまでに時間がかかる。
- 体育：毎授業，1番にグラウンドに集合する。
- 技術家庭：木工作業，調理実習，裁縫などは得意ではないが積極的に取り組む。

5）行動・社会性
- 普段の生活で多動性，衝動性は見られない。
- 話を聞いているときにぼーっとしていることがある。
- よく忘れ物をするが，絶対忘れてはいけないものは手の甲に書いて覚えていることもある。
- とりあえずやってみる，ということができない。切り替えが苦手で考え込んでしまう。

6）言語・コミュニケーション
- 調子の良いときは饒舌だが，気分が落ち込んでいるときには固まってしまい，自分の気持ちを表現できない。
- 全体への指示だけでは理解していないことが多いが，周りを見て行動することはできている。
- 他人の気持ちをある程度理解して行動することができる。

7）運動・基本的生活習慣・その他
- 微細運動は年齢相応。
- 粗大運動は少し苦手であるが，体育の授業で目立つほどではない。
- 中学校ではバドミントン部に所属している。
- 身の回りの整理整頓は苦手で，よく物を失くす。提出物が出せないことが多い。
- 起床，就寝時間は規則正しい。

8）身体・医学面

- 視力，聴力に問題はない。
- 就学前に自閉スペクトラム症（ASD）の診断を受けた。

9）興味・強い面・指導に利用できるもの

- 野球年鑑が好きで，お気に入りの選手の打率や成績を覚えている。
- 粘土や練り消しづくりなど細かい作業が好きで，自分で題材を決めてよく作っている。
- 固定されているが友人関係はある。放課後など特別な場所や時間でなければ教師と話すことも嫌がらない。

10）校内の体制

- 通級指導教室設置校。
- スクールカウンセラーは週2回来校している。
- 学習支援員の活用が可能。

2．諸検査結果

1）WISC-IV 知能検査の結果

表 E-1-18　L の WISC-IV 検査結果（CA：13 歳 7 カ月）

全検査・指標得点	合成得点	パーセンタイル	信頼区間（90%）	記述分類
全検査（FSIQ）	90	25	85- 96	平均の下〜平均
言語理解指標（VCI）	105	63	97-112	平均〜平均の上
知覚推理指標（PRI）	87	19	81- 96	平均の下〜平均
ワーキングメモリー指標（WMI）	91	27	85- 99	平均の下〜平均
処理速度指標（PSI）	81	10	76- 91	低い〜平均の下

（1）指標得点間の比較（15%有意水準）

VCI ＞ PRI　（標準出現率 10.8%）

VCI ＞ WMI（標準出現率 17.1%）

VCI ＞ PSI　（標準出現率 8.0%）

（2）下位検査間の比較（15%有意水準）

「類似」＞「絵の概念」

強い能力（S）：行列推理（PRI 平均からの差）

（3）検査時の様子

　左利き。緊張している様子はなく，検査課題には意欲的に取り組んだ。課題がうまくできたときにはうれしそうな表情を浮かべ，逆に難しい問題には苦しい表情を浮かべる様子が見られた。課題の合間に独り言を言うことがあったが，進行の妨げになるほどではなかった。「符号」では1回ずつ見本を参照する姿が見られた。

3. 総合的判断

1）WISC-IV 知能検査結果より

①全般的知的水準は,「平均の下」から「平均」の範囲である。ただし,指標得点間に有意差がみられるため,全検査 IQ の解釈は慎重に行う必要がある。

②指標得点間の比較より,言語概念の形成,言語による推理力・思考力,言語による習得知識が有意に強い。

③下位検査間の比較より,「類似」に比べて「絵の概念」が有意に低く,非言語性の推理力に弱さがあると考えられる。

④検査時の様子より,多動性や衝動性はなく,視覚的記憶の弱さがあると考えられる。

2）基本的障害の推定とその根拠

本児は,医療機関で ASD の診断を受けている。また,整理整頓ができない,忘れ物が多い,ぼーっとしていて話を聞いていないことが多いことから ADHD の傾向があることも推測される。

4. 教育的支援と個別の指導計画（または支援の方針・具体的な方法）

在籍校での個別の指導計画を表 E-1-19 に示す。

L が他の生徒と違う場で学ぶことに抵抗があるため,まず通常の学級での配慮指導を考えた。

自己肯定感が低い状態であることを念頭に本人と話し合い,自己決定を中心に支援内容を決めていくことを支援の方針とした。自己の特性理解を深め,学習面・生活面において自分の力を伸ばす方略を見つけていくことで自己肯定感を高めることを目指す。

長期目標は,下記の①②とし,通級指導教室担当者と連携しながら,できたことや取り組もうとした姿勢を評価するようにした。

①示された分量の板書を視写できるようにする。

②思考が止まってしまうときの状況を分析し,そこから抜け出す方法を考える。

また,板書については教科担任と連携してワークシートを活用し,書く量を調整できるよう配慮した。さらに,タブレット端末も活用し,メモを取ったり画像で記録したりするようにした。

表 E-1-19　L の個別の指導計画

作成日：令和○年○月○日

××市立　○○中学校　第△学年　△組	担任　○○先生
生徒氏名　　　L　　　　（男・女）	生年月日　○○年　△月　X 日

担任の気づき
- 授業内容を理解できない，ノートをすべて書けないため投げやりになり，固まってしまう。
- わかることであれば意欲的に取り組むが，小学校の内容を復習することを嫌がる。
- 忘れ物や落とし物が他の生徒よりも多い。

保護者の願い	本人の願い
• 授業も生活も前向きに送ってほしい。	• 定期テストで良い点数を取りたい。

生徒の現状と課題

学習面	生活・行動面
• 書字スピードが遅く，黒板を写しきれない。 • 授業内容がわからないと，何もしなくなる。 • 事前に出題内容がわかっている基本的な内容の小テストには意欲的に取り組み，結果を出す。	• 指示を聞いていないことが多い。 • 提出物を忘れることが多い。 • 休み時間は少人数で楽しそうに過ごしている。

長期目標
①示された分量の板書を視写できるようにする。
②思考が止まってしまうときの状況を分析し，そこから抜け出す方法を考える。

指導計画

短期目標	指導内容	方法		評価
①自分にとって適切な板書の分量を理解する。	• 示された分量の板書を視写する。 • 視写した分量が適切か振り返る。	• 教科担当と連携し，ワークシートを活用して視写の分量を調整する。 • 必要に応じてタブレット端末のメモ，カメラ機能を活用する	A	• 放課後に振り返りの機会を設定したことで，視写する分量について教科担当と調整できるようになってきた。
②どんなときに思考が止まってしまうかについて理解する。	• 思考が止まったときの状況を理解する。 • 思考が止まったときの感情を振り返り，言語化する。	• 時程ごとに書き込めるメモを準備し，状況と感情を整理できるようにする。 • メモの内容について，定期的に担任と振り返る。	A	• 授業中，全部理解しなければならないという思いが強いほど思考停止になり，何もできなくなるという状況について，客観的に理解することができた。

E-1-12　極端な低学力で進級が難しい高 1 男子 M

　M は工業高校 1 年生である。小学校，中学校時代から低学力であった。工業高校になんとか入学することができたが低学力は変わらず，進級できない状況となり，保護者から特別支援教育コーディネーターに相談があり対応を検討した。

1．実態把握

1）家族構成・家族状況

　父，本人のひとり親家庭。

　本人が小学校5年生の時から，父親が1人で子育てをしてきた。父親は，職人として働き，仕事が忙しく，本人をかまうことができない状況がしばしば起こっていた。しかし，父親は本人の低学力については心配し，中学時代から学校と相談を続けていた。

2）生育歴・教育歴

　周産期，異常なし。

　以下の項目については，父親の印象による回答。

- 運動発達：特に問題はない。
- 言語発達：特に問題はない。
- 社会性の発達：特に問題はない。
- 3歳児健診：特に指摘はなかった。
- 保育園では，特に心配なことはないと言われていたようである。

　小学校入学後は，ひらがなが覚えにくかったり，漢字が覚えにくかったりと学習困難は常にあったようだが，母親がいたため，父親は，状況を把握していなかった。小学校時代は，運動が好きでよく動きよくしゃべり，落ち着きはないが明るく元気な子どもであったと父親も認識していた。

　中学校に入ってから，父親は本人の低学力を認識し，学期末の懇談のときなどには，学校に相談をしていた。Mの書いた文字は読みにくく，定期テストの点数も1桁台や2桁の前半のような得点が続いていた。本人の意欲低下も著しく，友達との交流も少なくなっていた。学校の指導や配慮などにより，提出物などは出せていた。

3）学級の状況・学級での様子

　進学した工業高校1年生のクラスは，賑やかで落ち着いて勉強する雰囲気ではない。本人は中学校での意欲のなさが続いており，この賑やかな輪の中に入ることができていない。教室では誰とも関わることなく，休み時間は1人でじっとしており，昼食も1人で食べるという状況であった。表情も暗く，担任もとても心配している。

4）学力

　学力の状況は深刻で，定期テストは，どの教科もすべて1桁台の得点であった。書字では，漢字が使えていないこと，さらにとても読みにくい文字を書くので，採点されないという事態も起こっていた。また，読めない漢字も多く，問題文の読み取りができていない状況もあった。しかし，授業中に言われた作業などの課題は，言われた通りにこなそうと努力している様子が見られた。

5）行動・社会性

他の生徒と関わることがほとんどないが，不適切な行動などは見られなかった。

6）言語・コミュニケーション

学校では，誰とも話さない。教師からの声かけに反応はするが，単語で答えたり頷いたりするだけで，いつも暗い表情をしている。

7）運動・基本的生活習慣・その他

体育などの場面では，会話はしないが提示される運動の課題などには参加でき，大きな問題は見られない。基本的生活習慣に大きな問題はない。

8）身体・医学面

特にない。学力の問題で，医療機関を受診したことはない。

9）興味・強い面・指導に利用できるもの

特にない。

10）校内の体制

校内委員会が設置されており，特別支援教育コーディネーターも任命されている。近隣の高校に通級指導教室が設置されており，指導を受けることは可能である。

2. 諸検査結果

1）WISC-IV 知能検査の結果

表 E-1-20　M の WISC-IV 検査結果（CA：16 歳 10 カ月）

全検査・指標得点	合成得点	パーセンタイル	信頼区間（90%）	記述分類
全検査（FSIQ）	101	53	96–106	平均
言語理解指標（VCI）	93	32	87–101	平均の下～平均
知覚推理指標（PRI）	112	81	104–119	平均～平均の上
ワーキングメモリー指標（WMI）	103	58	96–109	平均
処理速度指標（PSI）	91	27	84–100	平均の下～平均

（1）検査時の様子

急いで次をやろうとしたり，「絵の抹消」で手当たり次第，目についたところから動物を消している様子が見られたりするなど，衝動的に反応していた。

2）DN-CAS 認知評価システムの結果

表E-1-21　MのDN-CASの結果（CA：16歳10カ月）

	標準得点	パーセンタイル	信頼区間（90%）
全検査	90	25	85- 96
プランニング	81	10	75- 91
同時処理	107	68	99-114
注意	83	13	77- 94
継次処理	100	50	93-107

3. 総合的判断

1）WISC-IV知能検査結果より

　①全般的な知的水準は「平均」の範囲である。ただし，指標得点間に有意差が見られるため，全検査IQの解釈は慎重に行う必要がある。

　②指標得点間の比較より，言語理解指標と処理速度指標が知覚推理指標との比較で有意に低く，言語概念形成，言語による推理力・思考力，言語による習得知識や視覚刺激を速く正確に処理する力，注意・動機づけ，視覚的短期記憶，筆記技能，視覚－運動協応のいずれかが弱い，と推測される。

2）DN-CAS検査結果より

　①全検査は平均的な範囲である。

　②同時処理と比較して，プランニングと注意の項目が有意に低いことがわかる。

3）基本障害の推定とその根拠

　両検査から知的水準は問題がないことが明らかとなった。低学力が知的な遅れによるものではないことから，特性の把握が必要となった。WISC-IVでは，知覚推理指標が有意に高いことから視覚認知能力が高いと考えられる。DN-CASのプランニングと注意の課題が有意に低いことから，注意の問題があると推定された。

4. 支援の方針・具体的な方法

　今後の課題は，注意集中の持続，書字のための基礎スキル，処理スピード，方略（「プランニング」）の向上を目指すものであると考え，以下のトレーニングを巡回による通級指導に依頼した。トレーニングは繰り返し行い，その成果を通常の学級の担任と連携し，学校でも「できる」を作り出すようにしていく取組を行うこととした。

　また，どの課題も確実にやり遂げることで達成感が持てることを大切にした。

　課題①かけ算の25マス計算のタイム測定

- 処理スピードの向上，時間概念の獲得を目指して実施した。
- 方略を使って速く解けるように実施した。

　5マス×5マスでかけ算を行う。左利きなので，見やすいように左側にある縦の問題を

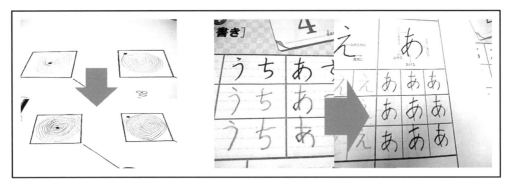

図 E-1-5　M の運筆トレーニング

右に転記してから行うなどの工夫を提案し，毎回時間を計測してスピードを意識させた。

課題②運筆トレーニングと視写
- 不器用さへのトレーニングで書字能力の向上を目指す（図 E-1-5）。
- さらにそのことを通して自信が持てるようにする。

　小さな渦を描くことから始め，鉛筆で細かな動きができるようにトレーニングを実施した。その後，文字をなぞるのでなく，見て写すトレーニングに移行し，読める字が書けるように練習した。

課題③ハリガリ（AMIGO 社，ドイツ）のゲーム
- 方略の考え方や使い方を実践的に習得することを目指す。

　相手に勝つために作戦を考えることを覚えるために実施した。作戦が立てられる人とチームを組んで，作戦の立て方を教えてもらいながら習得を目指した。

課題④切り絵（図 E-1-6）
- 不器用さへのトレーニングを目指す。
- 注意集中のトレーニングとして実施する。

　簡単な模様の切り絵を，下絵をなぞるようにカッターナイフでゆっくり丁寧に切る。作品が出来上がるので，達成感が得られた。

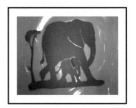

図 E-1-6　M の切り絵

課題⑤『アインシュタイン式 子供の論理脳ドリル』シリーズ（アインシュタイン研究会編，実業之日本社）
- 論理的思考の習得を目指す。
- 論理的思考の習得のためのトレーニングを実施した。
- 方略を使って課題に取り組むことができるように実施した。
- ワーキングメモリーのトレーニングとしても活用した。

　ヒントを手がかりに縦横4つのマスの中に答えを入れていく。ヒントの順にマスに入れられる訳でなく，入らない場合は，パスして次のヒントに進む中で論理的に解決する，解

けなかった課題が解けることがあるため，解決しなかった課題も覚えておく必要がある。

これらのトレーニングの内容と達成度を通常の学級の担任と連携し，達成できたことをクラスの学習でも取り入れるようにした。

E-1-13　高等学校卒業後の移行に向けた指導を行った　　高1男子N

高等学校1年生のNは，乳幼児検診で自閉スペクトラム症（ASD）の診断につながり，早期から療育・特別支援教育を受けた。県下でも有数の進学率を誇る高等学校に入学し，現在の適応状態は安定している。高等学校卒業後の大学進学，社会自立に向けての支援を希望している。

1.　実態把握

1）家族構成・家族状況

父，母，姉（大学生），本生徒の4人家族。両親とも高学歴で専門職についている。経済的にも裕福であり，教育熱心である。大学生の姉とのきょうだい関係は良好である。

2）生育歴・教育歴

周産期，骨盤位帝王切開。

運動発達：特に問題なし

言語発達：初語1歳6カ月，話し始めたら正確な文法で話した。

社会性の発達：視線が合いにくかった。共同注意（－）。人見知り・後追い（－）。

1歳6カ月児健診で言語・社会性の発達の遅れからASDの診断につながった。早期から療育開始。

幼稚園では，集団が苦手で感覚過敏もあったがおおらかに受け入れてもらった。

小学校入学後は，一斉授業になじめず登校渋りが出たため，自閉・情緒障害特別支援学級で教育を受けた。学校生活に慣れ，適応状態が改善したので，小学校5年生から通常の学級に移籍。以降，通級による指導を受けながら中学校卒業。現在の高等学校入学となった。

3）学級の状況・学級での様子

穏やかな生徒がほとんどで，お互いへの干渉も少ない校風である。風変わりなところがあるNだが，成績がトップクラスで誰に対しても分け隔てなく礼儀正しいため，周囲の生徒から一目置かれている。

4）学力

書くことに時間がかかるので，試験は時間いっぱいかかってしまうが，成績はトップクラス。特に，理数系が得意である。

5）行動・社会性

誰に対しても分け隔てなく礼儀正しい。ルールのあるゲームなど，一緒に楽しむことができる。級友と良好な関係を維持しているが，休日に一緒に出かけるような特に親しい友人はいない。

6）言語・コミュニケーション

語彙が豊富で，必要なコミュニケーションに特に支障はないが，ちょっとした日常会話（雑談）は苦手である。久しぶりに会った人に「久しぶり。どうしてた？」と話しかけられると，「どう，とは？」と困惑する。

7）運動・基本的生活習慣・その他

不器用さはあるものの，日常生活の基本的生活習慣には問題がない。授業で使用するプリントなどのファイリングもきちんとしている。

8）身体・医学面

特に既往症はない。1歳8カ月時に医療機関でASDと診断を受けている。

9）興味・強い面・指導に利用できるもの

電車の車体に興味・関心が高い。本人はマニアックな趣味であると思っており，普段はあまり話題にしないようにしているが，趣味の合う相手とは非常に盛り上がる。

10）校内の体制

国公立大学への進学率が高い高等学校で，特別支援教育の体制はないものの，専門機関からの助言に前向きに対応している。

2．諸検査結果

1）WAIS-IV

Nは16歳4カ月で，WISCでもWAISでも実施対象となる年齢であったが，今後の経過を見るためWAIS-IVを選択した。WAIS-IVの結果は，全検査IQ 126，言語理解144，知覚推理126，ワーキングメモリー109，処理速度90。ディスクレパンシーあり。特に「言語理解」と「ワーキングメモリー」「処理速度」の差が大きい（表E-1-22参照）。

2）その他の検査

Vineland-II適応行動尺度[注1]の結果は，適応行動総合得点64±8，コミュニケーション66±10，日常生活スキル91±10，社会性62±7。日常生活スキルは「平均的」だが，他はすべて「低い」。

SRS-2対人応答性尺度[注2]の総合得点は70で「中等度」のASD症状・困難を示した。「興味の限局と反復行動」73，「社会的動機付け」72と「中等度」の困難である一方，「社会的気づき」は58と「正常範囲内」であった（表E-1-23参照）。

感覚過敏の既往があるため，感覚プロファイルも実施した。「感覚過敏」が「非常に高い」，

表 E-1-22　N の WAIS-IV 検査結果（CA：16 歳 4 カ月）

全検査・指標得点	合成得点	パーセンタイル	信頼区間（90%）	得点水準の範囲
全検査（FSIQ）	126	96	121-129	高い
言語理解指標（VCI）	144	100	137-147	非常に高い
知覚推理指標（PRI）	126	96	118-130	平均の上〜高い
ワーキングメモリー指標（WMI）	109	73	102-114	平均〜平均の上
処理速度指標（PSI）	90	25	84- 98	平均の下〜平均

表 E-1-23　N の SRS-2 検査結果（CA：16 歳 4 カ月）

尺度名	社会的気づき（Awr）	社会的認知（Cog）	社会的コミュニケーション（Com）	社会的動機付け（Mot）	興味の限局と反復行動（RRB）
T 得点	58	62	68	72	73
SRS 総合得点	T 得点：70（中程度）				

「感覚回避」が「高い」であった。セクション別集計で「聴覚」「視覚」ともに「非常に高い」，因子別集計で「不注意・散漫性」「微細運動・知覚」が「非常に高い」であった。

3.　総合的判断

1）WAIS-IV 知能検査結果より

①全般的な知的水準は「高い」範囲である。ただし，指標得点間に有意差がみられるため，全検査 IQ の解釈は慎重に行う必要がある。

②指標得点間の比較より，「言語理解」が非常に高く，「知覚推理」は高い。「ワーキングメモリー」と「処理速度」は平均の範囲ではあるものの，「言語理解」と「処理速度」の差は 54 であり，非常に大きなディスクレパンシーがある。一般知的能力指標（GAI）を換算すると 139 であり，FSIQ < GAI（$p < .05$）であった。

2）その他の検査結果より

　Vineland-II 適応行動尺度の結果からは，日常生活スキルは年齢相応に獲得しているが，コミュニケーションや社会性については低いと言える。これは，SRS-2 対人応答性尺度の結果の「中等度」の ASD 症状・困難とも一致する。

注 1）Vineland-II 適応行動尺度：適応行動の発達水準を捉える。4 つの領域標準得点（コミュニケーション，日常スキル，社会性，運動）と，それらを総合した適応行動総合点を算出。スコアが高いほうが適応的。下位領域の評価点は 15 を標準としている。領域標準得点，適応行動総合得点は 100 が標準。

注 2）SRS-2 対人応答性尺度：日常の行動から ASD と関連する症状を評価。社会的気づき（Awr），社会的認知（Cog），社会的コミュニケーション（Com），社会的動機づけ（Mot），興味の限局と反復行動（RRB）の下位尺度で評価。スコアが高いほうが，ASD 症状が重い。60-65：軽度，65-75：中等度，75 以上：重度。

3）総合的判断

　N は，早期診断・早期支援により，非常に良好な成長をしている。高い知的機能により対人関係での望ましい行動について認知的に理解し適応的な行動を獲得している。ASDの症状は中等度であるものの，「社会的気づき」が正常範囲内であり，また，メタ認知も機能しているので，自分の興味が独特であることを自覚し，相手を選んでその人に合った話題を選ぶ対処方法を獲得している。成績がトップクラスであること，本人の穏やかな人柄から，現在の高校生活では，特に大きな問題はなく過ごしている。

　検査結果からは，「処理速度」や「感覚過敏」の問題が認められる。N への合理的配慮として，電子耳栓等による聴覚過敏の軽減，タブレット端末の使用によるノート作成，試験時間の延長などが考えられる。また，大学入学共通テストにおいては，マークシートの「チェック回答」を合理的配慮として申請してもよいと思われる。

4．支援の方針

　長期目標：自分の強みと困難を理解し，必要な配慮を求めることができるようにする。

　短期目標：アセスメント結果のフィードバックから，自分の日常生活に必要な配慮を考える。

　合理的配慮：電子耳栓等による聴覚過敏の軽減，タブレット端末の使用によるノート作成，試験時間の延長。大学入学共通テストにおいては，マークシートの「チェック回答」。

　N のように高い知的水準の生徒は，発達障害による困難があったとしても，自分なりの対処で特に問題が生じない場合もある。他の生徒との比較で「問題はない」と言われることもあるが，本来発揮できるレベルはもっと高い。本人の能力を十分に発揮できているかどうかという視点も必要である。N のような，一見問題がない生徒への合理的配慮もありうるということを支援者は知っておくべきである。

Ⅱ　指導実習

E-1-14　実習の意義と参加に必要な条件

1. 実習前のチェックリスト

　実習は S.E.N.S 養成セミナーの総仕上げとして位置づけられている。つまり，研修で習得した知識を総合して，実際の支援を実行する手順と方法を習得するために設定されている。したがって，研修の中で習得しなければならない知識が不十分であれば，有意義な実習を行うことはできない。また，実習はグループでの討議が中心であることから，討議されているテーマとその内容が理解できなければ対等に討議することができなくなる。したがって，まず表 E-1-24 の項目について実習前に自己チェックを行い，自己の学習の達成度を確認してほしい。もしも十分に理解できていない項目があれば，本テキストの各章を参照して復習しておく必要がある。

　また検査，特に WISC-IV については，施行方法や分析方法，各指標や下位検査が求めている能力について理解しておくことが重要である。実習では WISC-IV の検査結果を読み取り，事例対象児の支援を要する課題や指導に活用できる得意な分野を把握することが求められる。さらに特定の検査のみに習熟するのではなく，行動観察などから得られた情報に基づいて，子どもの認知特性を把握するために適した検査を選択し，その結果を読み取る力も特別支援教育士（以下，S.E.N.S）には求められている。

2. 実習に参加するための前提条件

　実習に参加するためには，講義科目 30 ポイントを取得し，その内容を理解・習得していることが前提条件である。特に WISC-IV については，その施行法と分析法に習熟しておくことが求められている。実習前に検査の練習をしておくことの大切さは，次のような理由による。

　　①各指標得点，下位検査がどの能力を測定しているのかを知らなければ，事例の検査
　　　結果を読み取ることができない。
　　②教示内容を知らなければ，各下位検査の結果，反応から子どもの特性を読み取るこ
　　　とができない。

　以上のような理由から，WISC-IV については 2 例の検査を実施し，その結果を記入したものを持参することを必須とする。なお個人情報保護の観点から，氏名，在籍校，生年月日など個人を特定できる情報については記載しないこととする。また事例研究レポートを様式に沿って作成し，持参することも必須とする。具体的には学習などに課題のある幼児児童生徒 1 名について観察し，作成する。やむをえず事例を準備できないときは，テキストⅢ巻の事例 E-1-1 〜 E-1-13（pp.57 〜 118）を参考にし，Ⅱ巻「B-5 アセスメントの総合解釈」

表 E-1-24　実習前のチェックリスト

Ⅰ【発達障害の理解】	
①発達障害について理解できている	☐
②教育的定義の LD と医学領域での LD の定義の相違について理解ができている	☐
③LD の判断の項目が理解できている	☐
④ADHD の定義が理解できている	☐
⑤ASD の定義が理解できている	☐
⑥知的障害の定義が理解できている	☐
Ⅱ【アセスメント】	
①WISC-IV を 2 例以上実施し，事例研究レポートを作成した	☐
②WISC-IV の結果をレベル 1 ～ 4 に沿って分析できる	☐
③認知特性と学習上の困難との関連について説明できる	☐
④KABC-II，DN-CAS を実施した	☐
⑤その他のアセスメント，読み書き検査などについて知っている	☐
Ⅲ【総合的判断と支援の方針】	
①行動観察，情報収集，心理アセスメントの結果から障害の判断ができる	☐
②LD 等の認知特性について知っている	☐
③総合的判断に基づき，教育的支援の方針を立てることができる	☐
④行動・社会性の問題に対するソーシャルスキルトレーニング（SST）のポイントについて知っている	☐
Ⅳ【個別の指導計画の作成】	
①個別の指導計画に含まれる項目がわかる	☐
②長期目標と短期目標の違いがわかる	☐
③短期目標に沿った具体的な支援の手立てを考えることができる	☐
④専門支援機関にはどのようなものがあるのか知っている	☐
Ⅴ【教材の作成】	
①読み書きの指導に関する教材を利用した事例を知っている	☐
②算数の指導に関する教材を利用した事例を知っている	☐

に掲載されている「事例 B」(p.191) を使用して作成する。

3．グループ討議の役割

　S.E.N.S の資格を取得するということは，教員であれば，将来校内の特別支援教育コーディネーターの役割を担うことにつながるものであり，他の職種においても，支援の中心的存在となるはずである。したがって，実習におけるグループ討議は，学校における特別支援教育コーディネーターの役割を果たす力を培うことを目的のひとつとして位置づけている。

　特別な支援を必要とする子どもについて，実態を把握し，支援の方針を決定し，具体的な支援を実行しようとするときに，担当者 1 人ですべてを実施することはほとんどないといってよいだろう。保護者との面談が行われたり，学校であれば同じ学年の教員間での話し合いが行われたりする。さらに，管理職や養護教諭との協議，スクールカウンセラーや学外の専門家を交えた会議が開催されることもある。その会議においてさまざまな意見が出された

きに，検討事項の方向づけを行い，結論を導き出すのは特別支援教育コーディネーターの役割となる。また，特別支援教育コーディネーターは互いに相手の意見を聞き，時には受け入れ，時には主張するという判断も要求される。このような力は，どの職種においても支援の中核となる者が備えておくべきである。これらの力を習得するためのグループ討議であることを理解し積極的に参加することが，実習において求められる。

E-1-15　実習のスケジュール

実習は，6 ポイント，30 時間である。おおむね図 E-1-7 に示したスケジュールで行われる。実習では，事例の検討を通して情報収集の方法，心理検査アセスメント，総合的判断と支援の方針，個別の指導計画の作成，教材作りを行う。

- グループワークⅠ（情報収集）：子どもの実態を把握するため，面接場面（保護者・担任等）を想定し，受講者からの質問によって情報収集を行う。
- グループワークⅡ（心理検査アセスメント）：WISC-Ⅳ 及びその他の検査の結果分析から子どもの認知特性を把握し，総合的判断を行うための客観的資料を得る。
- グループワークⅢ（総合的判断と支援の課題）：グループワークⅠとⅡの結果から子どもの障害を総合的に判断し，教育的支援の課題を検討する。
- グループワークⅣ（個別の指導計画）：教育的支援の課題について長期目標・短期目標を立て，具体的な支援方針を決め，個別の指導計画を立てる。
- グループワークⅤ（教材作り）：指導目標や子どもの特性・興味関心に合わせた配慮・支援を考え，教材を作成する。

E-1-16　実習の内容

実習には幼児を想定したものと児童生徒を想定したものがある。

幼児を想定した実習では，幼児の指導や支援をする保育士・幼稚園教諭・療育関係機関職員・医療関係者等を対象としており，幼児の発達障害の事例を検討する。就学前の子どもに対する教育，保育等は，乳幼児期の特性及び保護者や地域の実態を踏まえて行われる。そのため，乳幼児期の教育・保育に応じた支援内容とその方法が必要とされる。実習においては，通園施設や療育施設等の特別な場ではなく，幼稚園や保育所における統合保育の中での支援を考える。

児童生徒を想定した実習では，児童生徒の指導や支援をする学校教諭・児童デイサービス等の職員・医療関係者等を対象としており，児童生徒の発達障害の事例を検討する。就学後の子どもに対する学校場面での支援を考えるため，学習や行動面の様子だけではなく，生育歴や教育環境も含めた実態を明らかにし，通常の学級や通級指導教室などの特別な場での指導・配慮の他，家庭との連携も含めて支援を考える。

実習は，幼児を想定したものか児童生徒を想定したもののどちらかを受講する。具体的内容は，「実習の流れ」（図 E-1-8）に従って解説する。

1日目
9:00 受付
9:30 オリエンテーション
9:50 〈講義①〉情報収集
10:10 事例提供
10:15 グループワークI（情報収集）
11:50 解説 グループワークI
12:00 昼食
13:00 〈講義②〉心理検査アセスメント
14:30 グループワークII（心理検査アセスメント）
17:10 解説 グループワークIIの解説
17:30 夕食
19:00 〈講義③〉総合的判断と教育的支援の課題
19:15 グループワークIII（総合的判断と支援の課題）
21:30 自習

2日目
9:00 グループワークIII まとめ
10:00 発表・討論・解説
10:50 〈講義④〉読み書き障害（幼・児）の保育における支援と配慮
13:00 〈講義⑤〉個別の指導計画
13:15 グループワークIV（個別の指導計画）
15:20 移動
15:40 レポートI（説明等10分 実施90分）
17:20 夕食
19:00 発表・討論・解説 グループワークIV
20:00 休憩
20:20 グループごとの補充
21:30 自習

3日目
9:00 レポートII（説明等10分 実施90分）
10:40 休憩
11:00 〈講義⑥〉教材作り
13:00 昼食
14:30 グループワークV（教材作り）
15:50 発表・討論 グループワークV
16:30 実習のまとめ

図 E-1-7　実習のスケジュール

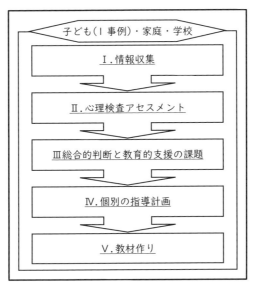

図 E-1-8 実習の流れ

1. 情報収集

　情報収集では，インシデント・プロセス法に基づき，事例の主訴やエピソードから，対象児の示す困難の背景を分析し推測する。また，それを確かめるために，事例提供者にする質問をグループで話し合う。事例提供者との質疑応答から得られた情報を，巻末（p.130〜）にある「アセスメントシート」（幼児版：附表1・2，児童生徒版：附表6・7）に整理していく。質問の仕方によっては的を射ない質問となり有効な情報を得られないことがある。表E-1-25（幼児用），表E-1-26（児童生徒用）に質問例を挙げておく。

表 E-1-25 情報収集のための質問の例（幼児用）

曖昧な質問例	よい質問例
（担任に） 幼稚園（保育園）でのお子さんの様子はどうですか？	みんなでゲームをするときにはルールを理解して参加できますか？
（保護者に） お子さんの普段の様子を教えてください。	お子さんは家でどんな遊びをしていますか？

表 E-1-26 情報収集のための質問の例（児童生徒用）

曖昧な質問例	よい質問例
（担任に） お子さんの学習はどうですか？	お子さんの音読の様子を教えてください。
（保護者に） お子さんの小さい頃の様子を聞かせてください。	お子さんが初めて意味のあることばを話したのはいつですか？

情報収集では，次のような３点について確認していくことを目的とする。

　　①対象児の状態像（困難な点や得意な点）を明らかにする。
　　②対象児を取り巻く環境を把握する。
　　③背景にどのような障害があるか予測する。

１）幼児を想定したもの

　幼児の場合は，乳児期の健診結果を含め，より丁寧に生育歴を聞き取ることが重要である。また，所属する保育機関により，保育時間や保育している職員構成，保育の占有スペースなど，保育形態の違いがあるため，詳しい確認が必要である。そのため，幼児のアセスメントシートは，保育形態と保育の様子を分け，保育の様子を基本的生活や集団参加等の項目別に整理する。他に，家庭での生活の様子，諸検査結果の項目がある。さらに，注意欠如・多動症（ADHD）や自閉スペクトラム症（ASD）等の障害の特性として，乳幼児期の行動に表れやすいものは何かを把握した上で，保護者や保育者から具体的なエピソードを聞き取るインテークのスキルも重要である。１つの情報からだけで判断することなく，客観的な指標に照らし合わせ，必要な情報を漏らさないよう注意を払い，情報収集に努める。

２）児童生徒を想定したもの

　児童生徒の場合は，学習面のつまずきについて，教科ごとの様子だけではなく，「読み」「書き」「計算」などの要素ごとに丁寧に聞き取ることが重要である。また，行動面のつまずきについてもいろいろな場面ごとに情報を収集する必要がある。さらに，障害判断のためには乳幼児期の生育歴や家庭での様子なども重要な情報となる。

２．心理検査アセスメント

　心理検査を用いたアセスメントでは，主に WISC-IV の結果集計及び分析を通して，事例の認知特性を把握する。そして認知特性をもとに子どもの指導仮説を立てるための客観的資料を作成することを目的とする。
　事例提供者から提示された資料をもとに，以下のような分析の手続きを進める。

　　①分析表の作成：ステップ１～９までの分析を行い，附表８（幼児・児童生徒共通）
　　　に記入する（詳しくはⅠ巻「B-2 心理検査法Ⅰ：ウェクスラー式知能検査」を
　　　参照）。
　　②検査中の行動観察を記入：事例提供者から提供された検査中の行動観察を記入する。
　　③総合的解釈：検査から得られた情報を整理し，事例の認知特性をまとめる。

１）幼児を想定したもの

　幼児の場合，WISC-IV でみられる認知特性と集団参加や遊びの様子に現れる困難さを結びつけて障害を判断することは難しい。そこで，テストバッテリーとして，幼児期に実施しやすいその他の検査の知識を身につけておくべきである。
　認知特性を明らかにし，知能レベルを判断する根拠として，WISC-IV の他に，KABC-II

についても，復習しておくことが望ましい。

　幼児期には，「聞く・話す」の領域，特に言語・コミュニケーションの課題が大きい。そのため，一般的な言語発達の指標を理解した上で，「聞く・話す」の観察のポイント（Ⅱ巻「C-2『聞く・話す』の指導」表 C-2-7 （p.44））を用いたり，「絵画語い発達検査」「質問－応答関係検査」「言語・コミュニケーション発達スケール（LC スケール）」などで，語彙力やことばでの応答性を確かめたりする必要がある。

　また，行動や社会性の問題については，ADHD や ASD の診断基準に照らして，チェックを行う。実習にあたっては，これらの検査の内容についても復習しておき，幼児のつまずきの実態把握ができるようにしておく。

2）児童生徒を想定したもの

　児童生徒の場合，WISC-IV 以外に学習のつまずきの状態を明らかにするためのテストバッテリー（Ⅰ巻「B-4 学力のアセスメント」）についても，検査方法や結果の解釈の仕方を身につけておくべきである。WISC-IV 以外の検査の結果分析により，WISC-IV の結果が補完されたり，新たな特性が示されたりすることも多く，重要な作業である。また，幼児同様，行動や社会性の問題について，ADHD や ASD の診断基準に照らしてチェックを行う。WISC-IV 以外の検査については，その結果から得られた情報を附表 9 にまとめる。

3．総合的判断と教育的支援の課題

　ここでは，情報収集や心理検査アセスメントの結果から，学習面・行動面の課題と認知特性や行動特性を関連づけて，障害判断を行う。また，教育的支援の課題を挙げ，支援の形態についても考える。

　行動面の支援を中心に行う幼児の事例と，学習面・行動面の支援を行う児童生徒の事例では手順が異なるため，下記に述べる。

1）幼児を想定したもの（附表 3）

　　①まず，心理検査アセスメントの結果から，全般的な知的水準・認知過程の特性・その他の検査からわかる特性を挙げる。

　　②アセスメントシートの情報から子どもの課題を挙げ，「行動（不注意／多動性／衝動性）」「社会性（集団参加・友達関係）」「言語・コミュニケーション」「運動（粗大・微細）」「感覚」のどの問題にあたるのかを考えて分類する。

　　③基本障害は何かを推定する。医学的な診断ではなく，子どもの特性を把握するための判断である。

　　④推定される障害を判断した根拠を明記する。

　　⑤二次的な問題の有無を検討する。幼児期の二次的な問題とは，登園渋り，チック，緘黙（かんもく）等の他，夜驚（やきょう）や円形脱毛等の心身の症状，虐待を含む。

　　⑥支援を必要とする課題の内容を明確にし，優先すべき課題を考える：就学を見据えて幼児期に支援すべき課題を考える。以後の学校教育を見通し，支援の連続性を考慮して，優先的に取り組むべき課題を明確にする視点が大切である。

　　⑦支援の形態を考える：支援を行う場と形態を考える。「クラス全体での配慮指導」

「クラスでの個別の支援」「家庭との連携」という 3 つの中から，支援に必要な形態を考える。

2）児童生徒を想定したもの（附表 10）

① WISC-Ⅳ・その他の検査から得られた認知特性をまとめる。

② 認知特性と子どもの実態像（情報収集で得られたもの）のすり合わせを行う。

　例：「字形が整わない」のは，（「符号」が測定する能力の）「モデルを模写する力」
　　　「筆記スキル」の弱さと関連している。

③ 総合的判断

- 基本障害は何かを判断する。
- 二次的な問題の有無を検討する。

④ 教育的支援の課題：総合的判断をもとに教育的支援の課題を検討する。その際には以下のような点を明確にする必要がある。

- 支援を必要とする課題の内容を明確にする。
- 教育的支援の形態を決める。
　　例：通常の学級における配慮指導；家庭との連携；通級指導教室等における個別
　　　　指導

4. 個別の指導計画

　子どもの支援について作成されるものには「個別の支援計画」と「個別の指導計画」がある。

　「個別の支援計画」は，子どもの支援についての乳幼児期から就労に至るまでの長期的な視点に立って，的確な支援を一貫して行うために作成するものである。そのため，誰が読んでもわかりやすい具体的・客観的な記述を心がけることが大切である。作成にあたっては保護者の同意と協力が不可欠で，教育・福祉・医療・労働などの関係機関が連携し，それぞれの役割とその内容の分担について協議し，作成していくことが基本となる。ここでは，幼稚園・保育所から高等学校までの支援を考え，一貫した支援方針や各ステージの連携を意識した内容を検討する必要がある。さらに，個々の実態に応じた合理的配慮の内容についても検討し，記入する必要がある。

　「個別の指導計画」は，子どもの教育的ニーズに対応した指導計画で，実態把握や総合的判断で得られた情報をもとに，学校や園の支援の形態や支援者の情報を踏まえて作成する。1 年間の長期目標や学期ごとの短期目標・手立てを具体的・客観的に記載することで，次年度への引継ぎにもなり継続的な支援を行うことができる。

1）幼児を想定したもの（附表 4）

　対象となる幼児が在籍する園生活での支援を中心にした「個別の指導計画」の作成を目的とする。「総合的判断」で挙げた教育的支援の課題について，目標，具体的な支援内容を作成していく。目標や支援内容を考える際は，「総合的判断」で分類した 5 つの側面（「行動（不注意／多動性／衝動性）」「社会性（集団参加・友達関係）」「言語・コミュニケーション」「運動（粗大・微細）」「感覚」）に「その他（行事など）」を加えた 6 つの側面に分類して考え

る。在籍園で作成する保育課程の内容を中心とした個別の指導計画とは異なる形式であることに注意したい。

（1）子どもの特性
- 障害特性や認知の特性等，子どもの困難の要因となる点を整理する。

（2）長期目標の設定
- （1）の子どもの特性に基づき，幼児期の1年間の支援で重点を置く支援は何かを明らかにし，就学までに達成してほしい幼児の姿を長期目標とする。

（3）短期目標の設定
- 6つの側面すべての課題に対して，短期目標を立てるのではなく，この中から優先すべき課題を挙げ，最初に支援すべき課題を明確にする。
- 「総合的判断」で挙げた課題を「実態」の欄に記載し，短期目標を考える。
- 「短期目標」は，それぞれの園で設定する保育課程の1期分（3カ月程度）で，おおよそ達成できる幼児の姿を目安として短期目標を設定する。
- 「短期目標」の記述は，子どもの立場で，「〜できる」という形式で記入する。また，評価の際に，達成できたかどうか客観的に確認できるような記述の仕方を工夫する。
- 「短期目標」は，期ごとに評価し，達成されたら次の新しい短期目標を設定する。長期目標に掲げた幼児の姿に到達できるような，スモールステップの段階を考慮する。

（4）園での具体的支援
- 支援の内容は，「基礎的な環境整備」「合理的配慮」に当てはまるかどうか吟味する。
- 短期目標に従って，時間や場所，対応する大人の役割等，具体的な内容を設定する。
- 支援方法や手立てを記入するので，この欄の記述は保育者の立場で書く。「〜させる」「〜を使う」「〜を用いる」のように大人の援助を記載する。
- 発達障害の特性に合わせ，構造化，視覚支援やコミュニケーションの支援，問題行動への支援等，具体的に考える。
- 支援は，クラス担任だけでなく，園全体の職員で取り組める内容とする。

（5）家庭での具体的支援
- 家庭で協力して取り組める課題については，保護者に具体的な対応方法を示し，協力して取り組む。保護者が負担に感じず，子育てに自信が持てるような配慮が必要である。

2）児童生徒を想定したもの（附表11，附表12）

　対象となる児童生徒が在籍する学校生活での支援を中心にした「個別の指導計画」の作成を目的とする。「総合的判断」で挙げた教育的支援の課題について長期目標を作成し，支援の場ごとに短期目標，手立てを考える。長期目標の下，短期目標を立てる方法と仮の短期目標を立ててから長期目標を考える方法がある。後者の方法について以下に示す。

①「教育的支援の課題」をもとに，1カ月～1学期（2～3カ月）程度で達成したい
　目標を仮の短期目標として考える。目標は子どもの立場に立った表現とし，評価で
　きる内容とする。
②短期目標を積み重ねた1年後の姿を思い浮かべ，長期目標を設定する。
③通常の学級，家庭，特別な場の3つの場面間のつながりを考え，それぞれの場面ご
　との正式な短期目標を考える。
④それぞれの短期目標について，指導の手立てを考える。手立ては指導者の立場に
　立った表現とする。

5．教材作り

　教材作りは，「個別の指導計画」で設定した「園での具体的な支援（幼児を想定したもの）」
や「指導の手立て（児童生徒を想定したもの）」の具体的内容を考えるグループワークであ
る。実際の保育場面や学校での指導場面を想定し，幼児では視覚教材やことばかけ，他児と
の環境の構成，児童生徒では指導に使う教材を考える。

　教材作りにあたっては，以下の点に留意したい。

- 事例の認知特性・認知レベル・行動特性等を考慮した物であること。
- 強い特性を活かし，弱い特性を補う・育てる内容であること。
- 子どもにとって，今何をしているのかわかりやすく，達成感が味わえること。
- 子どもの興味や関心，得意なことなどを考慮したものであること。
- 幼児の事例では，注意・集中の持続にも配慮し，声かけや視覚支援の提示のタイミング
  を考えること。また，取組の時期，実施する場面等を確認すること。
- 児童生徒の事例では，子どもの学年や，系統性，継続性を考慮すること。

1）幼児を想定したもの

　①前半は，全員で具体的手立てを考える。
　②後半はグループに分かれ，話し合って教材シート（附表5）に内容をまとめる。教
　　材シートをもとに，先生役，事例の子ども役，友達役などを決めてロールプレイの
　　練習をする。
　③グループごとに場面の説明や工夫した点を述べ，ロールプレイする。それぞれの
　　チームの工夫した点や良かった点，改善点を話し合う。

2）児童生徒を想定したもの

　①学習面の教材の他，行動面にも課題がある場合は行動面についても教材を考える
　　（附表13）。
　②通常の学級で使う教材なのか，特別な場で使う教材なのかを考える。
　③子どもに提示するプリント教材を作成する。

6．実習の評価

　実習の評価は2回のレポート（試験）を中心に行われる。レポートはいずれも事例を通し

ての情報収集，心理アセスメントの分析，総合的判断，個別の指導計画の作成を含むものである。幼児を想定した実習では幼児を対象としたレポート，児童生徒を想定した実習では児童生徒を対象としたレポートを行う。実習の合否については，レポートの評価を中心に総合的に行う。合否については一般社団法人特別支援教育士資格認定協会事務局から後日通知される。

7. 事前学習

実習の前に，実習の流れ（図 E-1-8）に沿って，実習で使用する記入用紙（附表 1 ～ 13）を用い，身近な事例もしくはアセスメント情報で事前に学習しておくことが望ましい。幼児の場合は，環境構成（構造化），視覚支援，コミュニケーション支援，問題行動への支援等について，復習しておくことが必要である。

8. おわりに

幼児に関するもの，児童生徒に関するもの，それぞれの実習を終えると，S.E.N.S 取得に向け最終試験を受験することとなる。しかし，資格取得がゴールではない。支援者として適切な援助ができるためには常に新しい情報を得て，自ら研鑽を積むことが必要である。

附表1　（幼児）アセスメント・シート（1）

アセスメント1　　　　　作成日　　年　　　月　　　日　　作成者

氏名 _____　　生年月日：　　年　　　月　　　日（　　歳　　　月）

主訴

I. 基本調査項目 A. 家族構成・家族状況	II. 保育の様子 A.　保育形態
B. 生育歴	B.　保育の様子：基本的生活習慣
	C.　保育の様子：集団活動への参加
	D.　保育の様子：ことば・コミュニケーション
C. 身体・医学的情報	

附表 2　（幼児）アセスメント・シート（2）

アセスメント 2　　　　　　氏名 _____　　　（男・女）

E．保育の様子：表現活動（造形・音楽リズム）	Ⅳ．諸検査結果（知能・認知特性・その他）
F．保育の様子：運動（粗大・巧緻性）	
Ⅲ．家庭での生活の様子	Ⅴ．興味・強い面・指導に利用できること

附表 3　（幼児）総合的判断

幼児事例（　　　　　　　　・　　　　　　　）

1. 総合的判断

（1）心理検査アセスメントから読み取れる仮説

　　1. WISC-IV から

　　　　①全般的知的水準

　　　　②認知過程の特性等の状態

　　2. その他の検査から

（2）生活や遊び等の実態分析

「行動（不注意／多動性／衝動性）」「社会性（集団参加・友達関係）」「言語・コミュニケーション」
「運動（粗大・微細）」「感覚」の問題に分類

①		
②		
③		
④		
⑤		
⑥		
⑦		
⑧		
⑨		
⑩		
⑪		
⑫		
⑬		
⑭		
⑮		
⑯		
⑰		
⑱		
⑲		
⑳		

（3）基本障害の推定と，その根拠

　　1）推定される基本障害

　　2）推定される障害を判断した，その根拠

（4）二次的な問題について

2．教育的支援の課題

（1）課題

（2）教育的支援の形態

個別の指導計画

附表 4 （幼児） 個別の指導計画

氏名：　　　　　　（男・女）　　幼稚園・保育所　作成日：　　　年　　月　　日　　作成者：

[本児の特性]

[長期目標]

	実　態	短期目標	園での具体的支援	家での具体的支援
行動 衝動性・多動・不注意				
社会性 集団参加・友達関係				
言語 コミュニケーション				
運動 粗大・微細				
感覚				
その他 行事など				

附表5 （幼児）教材シート

教材シート

グループ名　（　　　　　　　　）

実態：

ねらい：

具体的支援：

附表6　（児童生徒）アセスメント・シート（1）

アセスメント1　　氏名　　　　　　　　　　　（男・女）生年月日：　　　年　　　月　　　日生（　　　歳　　　ケ月）

　　　　　　　　　　　小学校　　　年　　　組　作成日：　　　年　　　月　　　日　作成者

A. 主訴	
B. 家族構成・家族状況	**D. 学級の状況・学級での様子**
C. 生育歴・教育歴	
E. 学力（国語・算数・その他）	

附表 7 （児童生徒）アセスメント・シート（2）

アセスメント 2　　氏名 ＿＿＿＿＿＿＿＿＿　（男・女）

F. 行動・社会性	H. 諸検査結果（知能・認知特性・その他）
G. 言語・コミュニケーション	
I. 運動・基本的生活習慣・その他	
J. 身体・医学面	
K. 興味・強い面・指導に利用できるもの	
L. 校内・校外の体制	

附表 8　（幼児・児童生徒）WISC-IV プロフィール分析

氏名 ＿＿＿＿＿＿＿＿　　　年齢 （　　　：　　　）

受講登録者番号 （　　　）－（　　　　　）　グループ名 （　　　　　　　）　氏名 （　　　　　　　　　　　）

	ステップ1：全般的な知的水準
結果	FSIQ：　　　（　　　パーセンタイル）　90%信頼区間 （　　　　－　　　　）
分析	

	ステップ2〜6：各指標得点・ディスクレパンシー
	□全体　　□IQ 水準別
結果	VCI：　　　　（　　　パーセンタイル）　90%信頼区間 （　　　　－　　　） PRI：　　　　（　　　パーセンタイル）　90%信頼区間 （　　　　－　　　） WMI：　　　　（　　　パーセンタイル）　90%信頼区間 （　　　　－　　　） PSI：　　　　（　　　パーセンタイル）　90%信頼区間 （　　　　－　　　） 　VCI　　PRI　（差：　　　　） 　VCI　　WMI　（差：　　　　） 　VCI　　PSI　（差：　　　　） 　PRI　　WMI　（差：　　　　） 　PRI　　PSI　（差：　　　　） 　WMI　　PSI　（差：　　　　）
分析（仮説）	ステップ2〜5 ●言語理解指標（言語概念形成，言語による推理力・思考力，言語による習得知識）は 「　　　　　　　　　　　　　　　　　」の範囲である。 ●知覚推理指標（非言語による推理力・思考力，空間認知，視覚－運動協応）は 「　　　　　　　　　　　　　　　　　」の範囲である。 ●ワーキングメモリー指標（聴覚的ワーキングメモリー，注意，集中）は 「　　　　　　　　　　　　　　　　　」の範囲である。 ●処理速度指標（視覚刺激を速く正確に処理する力，注意，動機づけ，視覚的短期記憶，筆記技能，視覚－運動協応）は 「　　　　　　　　　　　　　　　　　」の範囲である。
	ステップ6【有意差→標準出現率→能力の順で記述】

ステップ7～8：強い（弱い）能力　下位検査間の得点の差　得点パターン
　　□ IO 検査平均（　　　　　　）からの差　　□ VCI 平均（　　　　　　）PRI 平均（　　　　　　）からの差

結果

S（強い能力）

W（弱い能力）

「数唱」「語音整列」（差：　　　　　）
「符号」「記号探し」（差：　　　　　）
「類似」「絵の概念」（差：　　　　　）

分析（仮説）

ステップ9：プロセス分析

結果

- 「順唱：最長スパン」－「逆唱：最長スパン」＝（差：　　　　　）
- 「積木模様」「積木模様：時間割増なし」（差：　　　　　）
- 「数唱：順唱」「数唱：逆唱」（差：　　　　　）
- 「絵の抹消：不規則配置」「絵の抹消：規則配置」（差：　　　　　）

分析（仮説）

附表 8　（幼児・児童生徒）WISC-IV プロフィール分析（つづき）

検査時の様子　回答の特徴

特徴	
分析（仮説）	

総合的解釈
（全般的な知的水準）
（認知過程の特性など）

附表 9　（幼児・児童生徒）その他の検査分析シート

その他の検査分析シート　　　　氏名（　　　　　　　　）　年齢（　　　：　　　）

検査名	検査結果	分　　析

附表 10　（児童生徒）総合的判断

1．総合的判断

（1）心理検査アセスメントから読み取れる仮説

　　1．WISC-Ⅳ から

　　　　①全般的知的水準

　　　　②認知過程の特性等の状態

　　2．その他の検査から

（2）学習や行動等の実態（アセスメント1，2より）

（3）本児の実態と心理検査アセスメントから得られた認知特性との関連

（4）推測される基本障害

（5）二次的な問題について

2．教育的支援の課題

（1）課題

　　〈学習〉

　　〈行動〉

（2）教育的支援の形態

附表11　（児童生徒）個別の指導計画（学習）

個別の指導計画（学習）　　氏名 ＿＿＿＿＿＿＿＿＿（男・女）＿＿＿＿＿＿＿　学校　　年　　組

作成日：　　年　　月　　日　作成者 ＿＿＿＿＿＿＿＿

学習	長期目標		
	短期目標（通常の学級）	短期目標（家庭）	短期目標（特別な場）
	通常の学級での指導の手立て	家庭での指導の手立て	特別な場での指導の手立て

附表 12 （児童生徒）個別の指導計画（行動）

個別の指導計画（行動）

氏名＿＿＿＿＿＿＿＿＿＿＿（男・女）

行　動	長期目標		
	短期目標（通常の学級）	短期目標（家庭）	短期目標（特別な場）
	通常の学級での指導の手立て	家庭での指導の手立て	特別な場での指導の手立て

附表13 （児童生徒）教材シート

教材シート

グループ名　（　　　　　　　　）

指導目標（短期目標の項目）
教材名
教材

総索引

あ

か

さ

◉ 責任編集者

梅田真理（宮城学院女子大学）

栗本奈緒子（大阪医科薬科大学 LD センター）

西岡有香（大阪医科薬科大学 LD センター）

◉ 執筆者一覧（執筆順）

鋒山智子（社会福祉法人花ノ木医療福祉センター）
D-1　学校・園における支援体制Ⅰ：通常の学級における支援

笹森洋樹（独立行政法人国立特別支援教育総合研究所）
D-2　学校・園における支援体制Ⅱ：通級による指導

日野久美子（西九州大学子ども学部子ども学科）
D-3　学校・園における支援体制Ⅲ：コーディネーターの役割とリソースの活用

内田真弓（U＆U教育相談室）
D-4　保護者との関わりと連携

小林 玄（東京学芸大学）
E-1　指導実習［Ⅰ］実習の事前学習（事例E-1-1）

水田めくみ（大阪医科薬科大学 LD センター）
E-1　指導実習［Ⅰ］実習の事前学習（事例E-1-2）

竹野政彦（広島県立呉南特別支援学校）
E-1　指導実習［Ⅰ］実習の事前学習（事例E-1-3）

山田 充（広島県廿日市市教育委員会）
E-1　指導実習［Ⅰ］実習の事前学習（事例E-1-4，事例E-1-12）

木下裕紀子（京都府京丹後市立大宮第一小学校）
E-1　指導実習［Ⅰ］実習の事前学習（事例E-1-5）

桂野文良（小樽市立稲穂小学校）
E-1　指導実習［Ⅰ］実習の事前学習（事例E-1-6）

尾住奈未（加古川市立平岡小学校）
E-1　指導実習［Ⅰ］実習の事前学習（事例E-1-7）

渡辺圭太郎（西東京市教育委員会）
E-1　指導実習［Ⅰ］実習の事前学習（事例E-1-8）

伊藤陽子（仙台市立八乙女中学校）
E-1　指導実習［Ⅰ］実習の事前学習（事例E-1-9）

高橋範充（宝塚市立宝塚中学校）
E-1　指導実習［Ⅰ］実習の事前学習（事例E-1-10）

鈴木英太（向日市立寺戸中学校）
E-1　指導実習［Ⅰ］実習の事前学習（事例E-1-11）

鳥居深雪（関西国際大学）
E-1　指導実習［Ⅰ］実習の事前学習（事例E-1-13）

梅田真理（宮城学院女子大学）
E-1　指導実習［Ⅱ］指導実習

栗本奈緒子（大阪医科薬科大学 LD センター）
E-1　指導実習［Ⅱ］指導実習

齊藤代一（一般財団法人特別支援教育士資格認定協会事務局）
E-1　指導実習［Ⅱ］指導実習

高畑芳美（梅花女子大学）
E-1　指導実習［Ⅱ］指導実習

S.E.N.S養成セミナー

特別支援教育の理論と実践［第4版］

III　特別支援教育士（S.E.N.S）の役割・実習

2007年 4 月25日　第 1 版第 1 刷発行
2012年 4 月25日　第 2 版第 1 刷発行
2018年 4 月 1 日　第 3 版第 1 刷発行
2023年 4 月 1 日　第 4 版第 1 刷発行

編 ———————— 一般財団法人特別支援教育士資格認定協会
監修者 ———————— 花熊 曉　鳥居深雪
責任編集者 —————— 梅田真理　栗本奈緒子　西岡有香

発行者 ———————— 立石正信
発行所 ———————— 株式会社 金剛出版
　　　　　　　　　　〒112-0005 東京都文京区水道1-5-16　電話 03-3815-6661　振替 00120-6-34848

装丁◉岩瀬 聡　　組版◉石倉康次　　印刷・製本◉三協美術印刷

ISBN978-4-7724-1957-4 C3037　　©2023 Printed in Japan